早期校址

二师图书馆

1904年12月7日，直隶总督袁世凯批准在保定设立初级师范学堂

保定第二师范"七·六"殉难烈士纪念碑

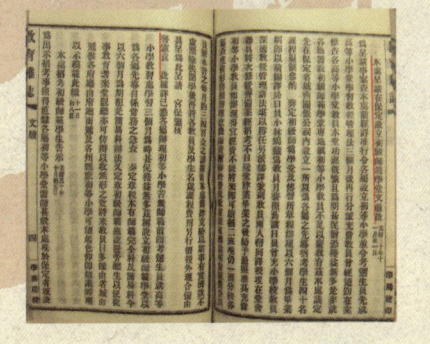

铁瑛为母校题词　　师昌绪为母校题词

梁斌为母校赠画《果实累累》

1993年7月5日，时任团中央第一书记李克强（左二）在时任省委常委、秘书长栗战书（右二）陪同下到校视察

《光明日报》报道《习近平给河北保定学院西部支教毕业生群体代表回信》

2014年3月23日,《光明日报》总编何东平(中)接见保定学院西部支教优秀毕业生、西藏日喀则地区第一高级中学教师司会平(右一)

2011年6月,保定学院党委书记王军送别赴西部支教毕业生代表

即将赴西部支教的毕业生在"七·六"烈士纪念碑前举行入党宣誓仪式

2005年11月10日，时任教育部部长周济在时任河北省副省长龙庄伟的陪同下，视察学校

2011年1月27日，崔勇院长看望喜获国家最高科学技术奖的老校友师昌绪先生

保定学院图书馆

2009年，保定学院学生李国庆的国画作品《革命圣地》入选第十一届全国美展，成为河北省首位入选全国美展的应届高校毕业生，并获得提名奖

"十二五"国家重点图书出版规划项目

中国史话

文化系列

保定学院史话

A Brief History of Baoding University

崔勇 主编

社会科学文献出版社
SOCIAL SCIENCES ACADEMIC PRESS (CHINA)

《中国史话》编辑委员会

主　　任　陈奎元

副 主 任　武　寅　高　翔　晋保平　谢寿光

委　　员　（以姓氏笔画为序）
　　　　　卜宪群　马　敏　王　正　王　巍
　　　　　王子今　王建朗　邓小南　付崇兰
　　　　　刘庆柱　刘跃进　孙家洲　李国强
　　　　　张国刚　张顺洪　张海鹏　陈支平
　　　　　陈春声　陈祖武　陈谦平　林甘泉
　　　　　卓新平　耿云志　徐思彦　高世瑜
　　　　　黄朴民　康保成

秘 书 长　胡鹏光　杨　群

副秘书长　宋月华　薛增朝　黄　丹　谢　安

《保定学院史话》编委会

主　　任　崔　勇

副 主 任　胡连利

编　　委　(按姓氏笔画为序)
　　　　　马丽娟　齐卫东　杨彦博　胡连利
　　　　　崔　勇　崔福林

… 总　序

　　中国是一个有着悠久文化历史的古老国度，从传说中的三皇五帝到中华人民共和国的建立，生活在这片土地上的人们从来都没有停止过探寻、创造的脚步。长沙马王堆出土的轻若烟雾、薄如蝉翼的素纱衣向世人昭示着古人在丝绸纺织、制作方面所达到的高度；敦煌莫高窟近五百个洞窟中的两千多尊彩塑雕像和大量的彩绘壁画又向世人显示了古人在雕塑和绘画方面所取得的成绩；还有青铜器、唐三彩、园林建筑、宫殿建筑，以及书法、诗歌、茶道、中医等物质与非物质文化遗产，它们无不向世人展示了中华五千年文化的灿烂与辉煌，展示了中国这一古老国度的魅力与绚烂。这是一份宝贵的遗产，值得我们每一位炎黄子孙珍视。
　　历史不会永远眷顾任何一个民族或一个国家，当世界进入近代之时，曾经一千多年雄踞世界发展高峰的古老中国，从巅峰跌落。1840年鸦片战争的炮声打破了清帝国"天朝上国"的迷梦，从此中国沦为被列强宰割的羔羊。一个个不平等条约的签订，不仅使中国大量的白银外流，更使中国的领土一步步被列强侵占，国库亏空，民不聊生。东方古国曾经拥有的辉煌，也随着西方列强坚船利炮的轰击而烟消云散，中国一步步堕入了半殖民地的深渊。不甘屈服的中国人民也由此开始了救国救民、富国图强的抗争之路。从洋务运动到维新变法，从太平天国到辛亥革命，从五四运动到中国共产党领导的新民主主义革命，中国人民屡败屡战，终于认识到了"只有社会主义才能救中国，只有社会主义才能发展中国"这一道理。中国共产党领导中国人民推倒三座大山，建立了新中国，从此饱受屈辱与践踏的中国人民站起来了。古老的中国焕发出新的生机与活力，摆脱了任人宰割与欺侮的历史，屹立于世界民族之林。每一位中华儿女应当了解中华民族数千年的文明史，也应当牢记鸦片战争以来一百多年民族屈辱的历史。

当我们步入全球化大潮的 21 世纪，信息技术革命迅猛发展，地区之间的交流壁垒被互联网之类的新兴交流工具所打破，世界的多元性展示在世人面前。世界上任何一个区域都不可避免地存在着两种以上文化的交汇与碰撞，但不可否认的是，近些年来，随着市场经济的大潮，西方文化扑面而来，有些人唯西方为时尚，把民族的传统丢在一边。大批年轻人甚至比西方人还热衷于圣诞节、情人节与洋快餐，对我国各民族的重大节日以及中国历史的基本知识却茫然无知，这是中华民族实现复兴大业中的重大忧患。

中国之所以为中国，中华民族之所以历数千年而不分离，根基就在于五千年来一脉相传的中华文明。如果丢弃了千百年来一脉相承的文化，任凭外来文化随意浸染，很难设想13亿中国人到哪里去寻找民族向心力和凝聚力。在推进社会主义现代化、实现民族复兴的伟大事业中，大力弘扬优秀的中华民族文化和民族精神，弘扬中华文化的爱国主义传统和民族自尊意识，在建设中国特色社会主义的进程中，构建具有中国特色的文化价值体系，光大中华民族的优秀传统文化是一件任重而道远的事业。

当前，我国进入了经济体制深刻变革、社会结构深刻变动、利益格局深刻调整、思想观念深刻变化的新的历史时期。面对新的历史任务和来自各方的新挑战，全党和全国人民都需要学习和把握社会主义核心价值体系，进一步形成全社会共同的理想信念和道德规范，打牢全党全国各族人民团结奋斗的思想道德基础，形成全民族奋发向上的精神力量，这是我们建设社会主义和谐社会的思想保证。中国社会科学院作为国家社会科学研究的机构，有责任为此作出贡献。我们在编写出版《中华文明史话》与《百年中国史话》的基础上，组织院内外各研究领域的专家，融合近年来的最新研究，编辑出版大型历史知识系列丛书——《中国史话》,其目的就在于为广大人民群众尤其是青少年提供一套较为完整、准确地介绍中国历史和传统文化的普及类系列丛书,从而使生活在信息时代的人们尤其是青少年能够了解自己祖先的历史,在东西南北文化的交流中由知己到知彼,善于取人之长补己之短,在中国与世界各国愈来愈深的文化交融中,保持自己的本色与特色,将中华民族自强不息、厚德载物的精神永远发扬下去。

《中国史话》系列丛书首批计200种,每种10万字左右,主要从政治、经济、文化、军事、哲学、艺术、科技、饮食、服饰、交通、建筑等各个方面介绍了从古至今数千年来中华文明发展和变迁的历史。这些历史不仅展现了中华五千年文化的辉煌,展现了先民的智慧与创造精神,而且展现了中国人民的不屈与抗争精神。我们衷心地希望这套普及历史知识的丛书对广大人民群众进一步了解中华民族的优秀文化传统,增强民族自尊心和自豪感发挥应有的作用,鼓舞广大人民群众特别是新一代的劳动者和建设者在建设中国特色社会主义的道路上不断阔步前进,为我们祖国美好的未来贡献更大的力量。

陈奎元

2011年4月

出版说明

自古至今，始终坚持不懈地从漫长的文明进程中不断总结历史经验教训，从中汲取有益营养，从而培植广阔的历史视野，并具有浓厚的历史意识，这是我们中国文化独有的鲜明特征，中华民族亦因此而以悠久的"重史"传统著称于世。在整个人类文明史上独一无二、系统完备的"二十四史"即证明了这一点。

中华人民共和国成立后，历史知识普及工作被放到十分重要的位置。20世纪五六十年代，著名历史学家吴晗主持编写的《中国历史小丛书》，90年代中国社会科学院院长胡绳组织编写的《中华文明史话》和《百年中国史话》，成为"大家小书"的典范，而后两套历史知识普及丛书正是《中国史话》之缘起。

2010年年初，为切实贯彻中央关于"做好历史知识普及工作"的指示精神，同时也为了更好地弘扬中国传统文化，我们对《中华文明史话》和《百年中国史话》

两套丛书的内容进行了修订和增补,重新设计框架,以"中国史话"为丛书名出版。第十一届全国政协副主席、时任中国社会科学院院长陈奎元亲任《中国史话》一期编委会主任,时任中国社会科学院副院长武寅任编委会副主任。正是有了各级领导的关心支持和诸多学术名家的积极参与,《中国史话》一期200种图书得以顺利出版,并广受好评。

《中国史话》丛书的诞生,为历史知识普及传播途径的发展成熟,提供了一种卓具新意的形式。这种形式具有以通俗表述、适中篇幅和专题形式展现可靠历史知识的特征。通俗、可靠、适中、专题,是史话作品缺一不可的要素,也是区别于其他所有研究专著、稗官野史、小说演义类历史读物的独有特征。

囿于当时条件,《中国史话》一期的出版形式不尽如人意,其内容更有可以拓展的广阔空间,为此2013年4月我们启动了《中国史话》二期出版工作。《中国史话》二期分为经济、政治、文化、社会和生态五大系列,拟对中国各区域、各行业、各民族等的发展历史予以全方位介绍。我们并将在适当时机,启动《世界史话》的出版工作。史话总规模将达数千种。

我们愿携手海内外专家学者,将《中国史话》《世界史话》打造成以现代意识展现全部人类历史和人类文明,集学术性、知识性、趣味性于一体的"万有文库";并将承载如此丰厚内容的史话体写作与出版努力锻造成新时期独具特色的出版形态。

希望史话丛书能在形塑民族历史记忆、汲取人类文明精华、培育现代国民方面有所贡献,并为广大读者所喜爱。

史话编辑部
2014 年 6 月

目录 Contents

序 ································ 1

一 学校概述 ························ 1
  1. 师范简易科时期（1904～1906）············ 1
  2. 中等师范学校时期（1910～1978）··········· 3
  3. 师范专科学校时期（1978～2007）··········· 7
  4. 本科院校时期（2007～2014）············· 10

二 世纪回眸　文脉承传 ················· 12
  1. 百年开篇　基业始肇 ················ 12
  2. 规训既严　学风即正 ················ 16
  3. 保定"红二师"　北方"小苏区" ·········· 22
  4. "七六"爱国护校斗争 ··············· 30

5. 知行并重　"三杆教育" ………………………… 35
6. 师范之范　又红又专 …………………………… 39

三　名师璀璨　英才辈出 ………………………… 43

1. 严修：中国近代教育的前路先驱 ……………… 43
2. 刘续曾：初级完全师范学堂的实践者 ………… 53
3. 张敬虞：开明包容的新式校长 ………………… 56
4. 黎锦熙：著名语言文字学家 …………………… 58
5. 李苦禅：杰出的书画家、美术教育家 ………… 64
6. 潘梓年：马克思主义哲学家、"中共第一报人"
　　………………………………………………… 67
7. 李英儒：狼窝虎穴战敌寇　野火春风斗古城 … 72
8. 唐澍：中国共产党早期革命军事家 …………… 76
9. 侯薪：中共保定市委首任书记 ………………… 82
10. 王禹夫：一个人撑起北方人民出版社 ………… 84
11. "七六"烈士：以身许国　丰碑永驻 …………… 87
12. 王鹤寿：忠诚革命家　杰出领导人 …………… 97
13. 铁瑛：直道而行的将军省委书记 ……………… 101
14. 杨士杰：坚持真理、无私无畏的革命家 ……… 106
15. 臧伯平：赤胆忠心的革命教育家 ……………… 109
16. 杨泽江：听党指挥闯天涯 ……………………… 112
17. 王之平：共和国开国少将 ……………………… 115
18. 杨琪良：新中国第一代外交家 ………………… 119
19. 梁斌：大地之子　文坛巨匠 …………………… 125

20. 师昌绪：中国材料科学泰斗、高温合金之父 …… 131
21. 郭晓岚：世界著名气象学家　大气动力学的
    一代宗师 …………………………………… 137
22. 丁浩川："一代师表" ……………………… 142
23. 刘泽如：从战士到教育家 ………………… 144
24. 王企贤、缪玉田：学高为师　身正为范 …… 148
25. 西部支教毕业生优秀群体：在西部大地书写
    青春与梦想 ………………………………… 155

四　承本开新　以文化人 ……………………… 165
1. 人文荟萃　和谐校园 ……………………… 165
2. 文化引领　立德树人 ……………………… 172

后　记 ……………………………………………… 182

序

保定学院的前身可追溯到 1904 年创立的保定初级师范学堂。当时正值清朝末年，甲午战争的失败和列强的瓜分使民族危机日益深重，一些有识之士认识到"吾国所以弱，学之不讲之故也"，"非兴学，不足以图存"。而兴学，必先有师资。为此，时任直隶学校司督办的严修先生在两度赴日考察教育的基础上提出在省城保定设初级师范学堂一所，"以为各属之先导"。保定初级师范学堂应运而生。

建校以来，学校经历了简易师范、中等师范、师范专科、本科院校等发展阶段，办学层次逐步提升；在校生数量由初创时期的数十人增至目前的 15000 余人，办学规模不断扩大；专业总计 49 个，其中本科专业 26 个，办学类型由单一的师范教育转型为多科性综合院校。学校的百年办学史从一个侧面见证了我国师范教育发展的历史进程。

学校始终坚持严谨治学、立德树人的办学理念，曾先后聘请黎锦熙、潘梓年、李苦禅等大师到校任教。1914年，教育部视察学务总报告特别提到"管理教授，尤以第二师范学校为优"。20世纪30年代，因强调知行并重、实施"三杆教育"，受到社会广泛好评。1960年，作为师范学校的优秀代表派员出席了"全国文教群英会"。1975年、1991年，先后得到毛泽东、江泽民等党和国家领导人的称赞。1988年受到国家教育委员会表彰奖励。1993年7月5日，时任团中央第一书记的李克强同志在时任河北省委秘书长栗战书同志陪同下，参观了"七六"烈士展览馆，瞻仰了"七六"烈士纪念碑。2014年学校毕业生"西部支教优秀群体"扎根基层、服务边疆的先进事迹被《光明日报》等多家新闻媒体报道，在全国引起强烈反响。习近平总书记给西部支教毕业生代表回信，中央政治局委员、国务院副总理刘延东，教育部部长袁贵仁以及多位省市领导均作了肯定性批示。百余年来，学校为中国革命和建设事业培养了数以万计的各类人才，其中既有以王鹤寿、铁瑛、边疆、杨士杰为代表的领导干部，也有唐澍、王之平等我军高级将领，还有师昌绪、郭晓岚、臧伯平、刘泽如、丁浩川、梁斌等科教文化界名人，更有数以万计的基础教育师资和各类专门人才，他们都在各自的岗位上作出了不凡的业绩。

学校有着光荣的革命传统，早在1925年校内就建立了党组织，曾是中共保属特委所在地，学校因此被称为"北方小苏区"。1932年爆发的"七六"爱国护校斗争，"有力地震撼了国民党的反动统治"。因此，"红二师"成了学校永不磨灭的番号。

今年正值学校办学110周年，这是一个重要的时间节点，更是学校进一步发展的新起点。此时，恰逢陈奎元同志为主任的编委会组织编写《中国史话》丛书，并将《保定学院史话》列入其中，我们也就将《保定学院史话》作为一件特殊的礼物献给学校110华诞和升本七周年。

本书采用史话形式，以学校历史上重大事件、重要人物为线索，多角度反映了学校的百年办学历程。因篇幅所限，学校办学史上一些重要的事件和人物没能一一收入，敬请谅解。由于学校办学历史较长，其间经历战乱和水灾，资料损毁严重，加之编写时间较紧，难免出现错讹之处，敬请各位方家、读者批评指正，以期再版时予以更正。

崔勇

2014年5月

一　学校概述

保定学院是一所有着悠久历史和光荣革命传统的学校，至今已经走过了110年的风雨历程，见证了我国近代师范教育从创建、发展到繁荣的全过程。它曾被毛泽东主席称赞为"好学校"；与湖南第一师范和南京晓庄师范一起被誉为"师范学校的光荣代表"；1932年的"七六"爱国护校斗争得到江泽民同志的充分肯定。改革开放以来，特别是进入21世纪以来，学校快速发展，办学规模不断扩大，学科专业结构进一步优化，办学层次和育人质量日益提升，实现了由中等师范教育向高等师范专科教育、由单一的师范专科院校向多科性应用型本科院校的两次跨越。

回顾学院百余年的发展历程，可分为四个阶段：师范简易科时期、中等师范学校时期、师范专科学校时期、本科院校时期。

1　师范简易科时期（1904~1906）

19世纪末20世纪初，伴随甲午战争失败和帝国主义瓜分中国的狂潮,民族危机日趋深重。许多有识之士认识到革新教育对于救亡图存的重要意义,认为救国之本在于开办新学、培养人才。曾任贵州学政的严修指出,"无普通教育决不足以抵抗列强,非兴学不足以图存"。1902年,严修自费游学日本,考察教育发展经验,回国后致力于改良旧式教育,创办新式学堂。1904年4月,直隶总督袁世凯邀请严修任直隶学校司(不久更名学务处)督办。到任后,严修偕张伯苓等人第二次赴日考察教育,重点考察了师范教育和小学教育。回国后,考虑到全省百四十余州县几万个村庄"如遍设初等小学堂,需师甚钜",认为"非就各属筹设初级师范学堂,专造就初等小学教员,不足以广教育",于是决定仿照日本寻常师范,先在省城(保定)西关张公祠①内建立初级师范学堂,"以为各属之先导",得到袁世凯的批准。

1904年11月11日,省学务处发出"招考初级师范学生告示",经过层层选拔,录取40人。12月10日,学校举行开学典礼,严修出席,日籍教员小林鹤藏、学堂庶务员兼译授张彬致训词。学堂开设修身、教育、算术、历史、地理、格致、图画、体操等课程。

1905年3月,保定初级师范学堂迁入学务处原址(今保定古莲花池旁)办学。1905年6月23日,第一班学生35人毕业,发给凭照,充当各州县小学堂教习,两名特别优秀的毕业生王谦吉、卢岳经严修亲自选拔被公派日本留学。此班结束

---

① 亦称忠烈祠,是明朝名将张罗彦的祠堂。

后，校内教职员又回到学务处任职。

1905年7月，筹备招收第二班，共60名（其中，正取40名，备取20名），连同优级师范学堂代为录取的20名，共正取60名，8月30日开学。后"因有嗜好革退者二名""甄别退学者八名"，只保留了50名。学制1年，学务处选派教职员5人任教，课程设置也在原来基础上增开了音乐和手工。第二班学生1906年8月毕业。

1905~1906年间，直隶省初级师范学堂发展迅速，到1906年上半年，全省已有直隶优级师范学堂1所，初级师范学堂78所，师范传习所12处，合计91所，在校师范生4503人（尚有9个州县未报学生数）。毕业生人数较多，而小学堂特别是乡村小学堂发展相对滞后，加之师范简易科学习时间较短，学生质量偏低，教县城小学难以胜任，致使毕业生一时无法安置。鉴于此，直隶提学使司命直隶学务公所召集专门会议，议定学校暂停招生。

2 中等师范学校时期（1910~1978）

1908年，清政府学部发文提出，简易科设立已多之省份，应立即停止，将所有经费合并一府或二府办完全初级师范学堂。1910年8月中旬，直隶第二初级师范学堂招生，正取50名，备取10名（根据1914年印制的《直隶第二师范学校同学录》记载，此批学生为第二级，第一级学生何时、以什么学校名义招入，现无从查考）。1910年9月20日，直隶提学使傅增湘给总督的汇报中提出"奏设四处完全初级师范学堂，于天津、保定、滦州、顺德各设一处……保定校址择购西关外观稼亭斜对面民地三四十亩，现尚未交割清楚，先借警务处房屋开学，定名直隶第二初级师范学堂，以保定模范两等小学堂堂长、留日师范毕业举人、陕西即用知县刘续曾充当监督"，学制五年。1910年10月，学堂在保定西关外征地建校。1911年7月，新校舍落成，于暑期迁入办学。

1912年，民国教育部开始推行《壬子学制》；9月发布《师范教育令》，规定初级师范学堂一律更名为师范学校，直隶第二初级师范学堂更名为直隶第二师范学校（以下简称"二师"），学制五年，其中预科一年，本科四年。学生主要来自冀中冀南各府、州、县。课程设修身、教育、国文、外国语、历史、地理、数学、博物、理化、法制、经济、习字、图画、手工、音乐、体操等。同年保定模范小学堂改为二师附小。1917年2月，根据直隶省长训令，二师讲习科开班授课，负责清苑等59个县选送的58名学生的培训任务。

学校注重学生自立能力的培养和良好品德的形成，制定了严格的管理制度，既设有专门的学监，负责学生的思想、纪律、卫生等工作，又强调"凡在职教职员均负训导之责"。学校重视师资的选聘培养，保定初级师范学堂时期主要教员由日本教师担任。1910年后，教员大多为北京、天津等地师范大学或直隶高等师范学堂毕业生，也有从日本留学回国者。学校还选送一批教师赴日留学后返校任教，另有一部分科举出身的老教员。由于管理严格、师资水平较高、学生质量好，学校社会声誉良好。早在1914年教育部视察直隶省学务的总报告中就指出:"管理教授,尤以第二师范学校为优。"1916年教育部金庚绪等在《参观直鲁浙等省中小学教育报告》中对二师办学情况亦有较高评价。清末,保定城乡的小学教师主要来自二师,到20世纪二三十年代,省内各州县高级小学教师绝大多数由二师毕业生担任,很多毕业生还受聘到北平任教。

"五四"运动后,受进步思潮影响,二师学生思想日益活跃。他们广泛传阅《新青年》《独秀文存》等进步书刊,民主自治意识日渐增强。1922年底,二师学生开始筹建学生自治组织。1923年,学校就有了共产党员和社会主义青年团员。1924年,学校建立了党小组。1925年,学校建立了党支部。20世纪20年代末30年代初,中共保属特委和共产主义青年团保属特委均设在二师。1928年,二师学生侯薪担任中共保定市委书记。二师成为河北广大地区的革命活动策源地,有"北方小苏区"之称。

1923年2月,张敬虞任二师校长。他推崇民主、平等思想,提倡学术自由,对学生的思想解放产生了很大影响。他解聘了原有的大部分教员,新聘了一批教员,其中不乏进步人士。此外,学校还聘请北平师大国文系教授黎锦熙、美籍学者马尔智到校讲学。

1922年,教育部《学校系统改革案》(又称"壬戌学制"或"新制")规定:"师范学校修业年限六年","师范学校得单设后二年或后三年,收受初级中学毕业生"。据此,学校从1923年暑期开始改为六年制,当年招收两个高小起点六年制师范班、两个两年制初中起点后期师范班。1928年6月26日，直隶省改称河北省，学校随省易名为"河北省立第二师范学校"。

"九一八"事变前后，二师革命活动十分活跃，引起当局恐慌。1932年5月中旬，省府密令教育厅拟订改组二师议案。省厅宣布提前放暑假并开除贾良图等35名学生，勒令40多名学生停学，校内所有教职员停职，撤换校长张云鹤（张腾霄），解散二师并进行改组。二师学生在党组织的领导下展开护校斗争。7月6日凌晨，军警武装血洗学校，前后共有13名学生牺牲、17名学生被判刑。震惊全国的二师"七六"爱国护校斗争引起了巨大反响。

1932年12月26日，学校开始招生，共两个班，次年初入学。时任校长萧世钦在学校大力倡导"三杆教育"（笔杆、锄杆、枪杆），学校增设了农业课程，不定期进行军事训练。抗日战争期间，学校被日军占领，教学设备、档案资料损毁殆尽。1945年，抗日战争胜利，国民党当局接收了学校。

据不完全统计，二师培养的毕业生中担任过副省（部、军）级以上职务的近60人，如中纪委原第二书记王鹤寿、浙江省委原第一书记铁瑛、原六机部部长边疆、中组部原副部长杨士杰、教育部原副部长臧伯平、西北工农革命军总司令唐澍等。二师毕业生中还有一大批教育、科技、文化界名人，如两院院士、国家最高科学技术奖获得者师昌绪，美籍华人、著名气象学家郭晓岚，教育家、陕西师范大学党委书记、校长、中国心理学会理事长刘泽如，教育家、东北师范大学代校长丁浩川，著名作家梁斌，北京市首批小学特级教师王企贤、缪玉田等。

新中国成立后，学校定名为"河北省立保定师范学校"。1950年11月被河北省人民政府教育厅确定为重点学校。到1956年10月，在校学生增至860余人，比解放初翻了一番。1958年，响应"教育为政治服务，教育与生产劳动相结合"的号召，学校建起了细菌肥料、炼铁、塑料、美术工艺等15个工厂。1965年6月，学校从一年级新生开始由三年制改为四年制半耕半读师范，为培养"能文能武、亦农亦工亦师、多才多艺"的新型师资进行了大胆尝试。

"文革"时期，学校的正常教育教学秩序受到严重冲击。1978年中共十一届三中全会后，党的知识分子政策逐步落实，学校各项事业蓬勃发展。国家恢复高考后，1977年、1978年两年，学校以河北师范大学的名义招收了大专班。1978年9月，学校更名为"河北保定师范学校"，隶属保定地区行政公署教育局。

在中华人民共和国成立后的20多年里，学校作为以培养小学师资为主的全国知名中等师范学校，为国家培养了大批优秀教师。1960年，校长林文澜代表学校出席了"全国文教群英会"，学校勤工俭学成果在会上展出。1975年，毛泽东同志接见二师老校友、时任浙江省委第一书记铁瑛时，称赞二师是一所"好学校"。

3 师范专科学校时期（1978~2007）

为适应新时期基础教育发展对高层次师资的需求，1978

年12月28日，根据教育部下发的《关于同意恢复和增设一批普通高等学校的通知》精神，以保定师范学校为基础改建保定师范专科学校。学校的领导体制为"省和保定地区双重领导，以地区为主"。

1978年，学校在保定市西下关街办学，设中文、数学、物理、化学、英语5个专业，面向本省招收专科生。1981年10月，根据河北省有关文件精神，原保定业余滑翔学校（位于省印路，占地59.5亩）办公楼、宿舍楼、图书、教学仪器及其他财物、设施移交保定师范专科学校使用。1983年8月，保定师范专科学校中文科、政教科迁入该址办学。1984年3月，河北省政府冀政办〔1984〕33号文件明确："保定师范专科学校以原保定业余滑翔学校旧址为基础，并根据学校规模在附近征地建校。"

1984年10月，学校全部迁至省印路新校址办学，进入快速发展期。到1988年，学校共设12个师范专业，全日制专科在校生1656人，成为当时河北省唯——所专业设置齐全的高等师范专科学校。与此同时，学校努力加强师资队伍建设，不断深化教育教学改革，育人质量进一步提高。1988年底，学校获国家教委优秀师专奖金30万元。1991年5月，在河北省本专科高校教学评估中被定为A级。1994年1月至1998年9月，学校共接受世界银行"师范教育发展项目"贷款78万美元，用于设备引进、人员培训及图书采购等，办学条件较以前大为改观。

1998年7月6日，学校与保定市教育学院合并。1999年4

月29日，保定师范学校并入。三校合并后，学校积极推进各项改革，2000年11月至2001年7月，进行了以干部、人事、分配制度和后勤社会化改革为主要内容的内部管理体制改革。2002年9月16日，《中国教育报》对此进行了专题报道。在此基础上，学校紧密结合基础教育改革和区域经济社会发展需要，着力推进教学改革，切实加强学科专业建设，努力增设与地方支柱、主导产业关系紧密的非教师教育专业。到2002年，非教师教育专业增加到9个，初步形成了教师教育与非教师教育并举的局面。

在推进各项改革的同时，学校积极谋求自身发展。一方面，从1999年开始，努力创造条件争取单独办本科，2001年12月，保定市人民政府下发《关于同意依托保定师专改建保定学院的批复》（保市府〔2001〕61号文件），批准学校启动升本筹备工作。另一方面，从2000年起，先后与河北大学联办8个本科专业，共招收三届864名本科生；2003～2005年，又以河北大学名义招收6个专业共311名专接本学生。

2002年4月，保定市政府办公厅下发《关于保定师专新校区征地建设有关问题协调会纪要》（保定市府〔2002〕49号），确定学校新址在原华北国际工业城内，占地891亩。2002年11月18日，保定市委、市政府成立创建保定学院工作领导小组，标志着创建保定学院工作被列入市委、市政府的重要议事日程。2003年8月8日，学校新校区建设工程正式开工。教育部部长周济，副部长袁贵仁、吴启迪，教育部党组成员、部长助理郭向远，河北省副省长龙庄伟等领导先后到校视察。2004年11月18日,新校区一期工程正式投入使用。到2006年5月,学校全部迁入新校区,结束了分散办学的历史。

通过三年的迎评促建,学校的综合实力明显增强,从硬件设施到师资队伍均有跨越性提高,为升格到本科层次办学打下了坚实基础。到2006年12月,学校的专业增加到42个,全日制在校生9263人。学校的师范类毕业生已成为保定基础教育战线上的中坚力量,全市80%以上的中小学校长出自其中;许多非师范专业毕业生也成为所在行业的骨干。一些同志还走上了市、县领导岗位,为地方教育和经济社会发展作出了重要贡献。

4 本科院校时期(2007~2014)

2007年3月16日,经教育部批准,学校升格为本科层次的普通高校,定名"保定学院"。升本后,学院及时提出了"质量立校,特色强校,人才兴校,努力实现由扩张规模、提升层次为主的外延型发展方式向提高育人质量、增强综合竞争力的内涵型发展方式转变"的办学指导思想,确立了建设具有鲜明特色的高水平应用型地方本科院校的发展目标。以迎接学士学位授予单位评审和本科教学工作合格评估、创建全国文明单位为抓手,大力加强内涵建设,全面提升教育教学水平。截至2013年年底,学院共有14个系、1个教学部,设有25个本科专业、29个非师范专科专业,全日制本专科生15000余人,其中本科生7076人,较好地实现了由专科院校向本科院校、由单一的师范院校向多科性应用型院校的转型。

学院大力实施质量工程，全面加强思想政治工作，不断提升教育教学水平，着力推进"三位一体"的文化育人工程，取得可喜成绩。学校毕业生西部支教群体扎根边疆、服务基层的先进事迹先后被《光明日报》等数十家媒体报道，引起强烈社会反响，习近平总书记给西部支教毕业生代表回信，中共中央政治局委员、国务院副总理刘延东，教育部部长袁贵仁，河北省省委书记周本顺，河北省省长张庆伟等多位领导先后作出肯定性批示，中央文明办、河北省文明委、河北省委教育工委、河北省教育厅和保定市委对这一优秀群体进行了表彰。

2007年以来，学院两次被评为"河北省文明单位"，还先后被评为"河北省园林式单位""河北省卫生单位""河北省绿化先进单位""河北省审计工作先进单位""全国教科文卫体系统模范职工之家"。

回顾历史，110年来，学校为民族振兴、国家富强作出了重要贡献，为地方经济社会发展培养了大批优秀人才。展望未来，建设具有鲜明特色的高水平应用型地方本科院校的目标已摆在面前，这将是保定学院人今后一个时期为之努力的方向，也是这所百年学府谋求发展、再创辉煌的新起点。

二　世纪回眸　文脉承传

保定学院地处拥有 2300 年文明史的古城保定。作为一所拥有 110 年历史的学校,保定学院栉风沐雨,几经沧桑,经历了中国近代史的变革和现代化的进程,在探索中成长,在发展中成熟。肩负"强民保种""启钥民智"的使命,在学校创建发展、分合融汇的历程中,保定学院的志士先贤为兴学殚精竭虑,为真理执着求索,为国家奉献担当,形成了一种独特而可贵的精神血脉。

1　百年开篇　基业始肇

教育救国　学堂初设

19 世纪 40 年代,帝国主义的坚船利炮敲开了清政府闭关锁国的大门,列强的侵略使中国逐渐沦为半殖民地、半封建社会。1900 年庚子战败,清政府在政治、经济和军事上进一步丧失主权。面对摇摇欲坠的清政府,无数仁人志士都在谋求挽救民族危亡的"良策秘方"。改革教育、立国兴邦,一时成为朝野上下普遍的呼声。

1901年，清政府发布兴学诏书，随之颁布《钦定学堂章程》（壬寅学制）。1902年又颁布了《奏定学堂章程》（癸卯学制），较为详细地指示了设学办法，制定了三段七级的学校系统。以上谕令和章程的颁布有效地推动了清末新教育的发展，标志着新的教育制度的产生。自此，全国各地掀起了兴办新式学堂的热潮。

保定时为直隶省会、保定府城和清苑县治之所在，又为畿辅首善之地，兴学热潮自为全国之冠。1901年，作为《奏请立停科举以广学校》折的首要倡导者，袁世凯以直隶总督兼北洋大臣入督直隶，采取了一系列推行新式学堂的措施，中等、初等教育如雨后春笋，官立、私立以及客籍学堂纷纷出现，入学人数越来越多，但师资却极度短缺，发展师范教育成为当务之急。为了尽快培养出大批初等教育师资，1904年，直隶学务处下令各府及直隶州、厅设立初等师范学堂培养高小和初小教员，各县设师范传习所，专门培养初小教员。为尽快推动此项工作的落实，省学务处拟在省城保定先设一所初级师范学堂，以示模范，并向全省推广。保定学院的前身——保定初级师范学堂就是在这样的背景下诞生的。

仿效日本　严修建校

甲午战争后，中国朝野将学习日本经验当作走出困境之途。自1896年至1911年，中国掀起了一股留日热潮。保定初级师范学堂创始人严修便受这一思潮的影响，两次赴日游学，考察日本教育。

严修（1860~1929），字范孙，我国近代教育的先驱者，近代师范教育的奠基人之一。甲午战争的惨败和八国联军的野蛮侵略，使他认识到"吾国所以弱，学之不讲之故也"，"欲救中国，须从教育入手"，"无普通教育决不足以抵抗列强，非兴学不足以图存"。为了借鉴日本发展教育的经验，他于1902年带领两个儿子自费游学日本，看到"彼日本区区三岛，独能称雄东亚者，学而已"。回国之后，他联合同志，殚精竭虑，如救水火般地致力于改良旧式教育，创办新式学堂。在一年多的时间内，于天津兴办学堂十余所。他的办学成就引起了直隶总督袁世凯的注意。1904年4月，袁世凯邀请严修任直隶省学校司（后更名学务处）督办。

严修于1904年5月9日到直隶省学务处就职，5月21日便偕张伯苓等人第二次去日本，考察各级各类学校，并着重考察了师范教育和小学教育。1904年8月21日回国后，他首先抓紧创办师范学堂。起初，考虑到"直隶全省百四十余州县，几万个村庄"，"如遍设初等小学堂，需师甚钜"。令各州县考选生员，附设在高等小学堂，学习三个月的教授管理方法，即分派去充当初等小学教员。因各地高等小学堂无力承担此项任务，且因"为期甚促，犹恐获益无多"。经过再三筹划，认为"非就各属筹设初级师范学堂，专造就初等小学教员，不足以广教育"。他仿照日本寻常师范（即简易师范），拟先在省城建立保定初级师范学堂，"以为各属之先导"。

1904年12月，直隶学务处在给直隶总督的《呈请在保定设立初级师范学堂文》中写道："兹本处议定，先在保定省城西关张公祠内设一所，以为各属之先导。招考学生四十名，课程规制参酌奏定初级师范学堂及传习所章程办理，以六个月为毕业期。……毕业之后，给予凭照，准其充当初等小学教员。……为此，呈请宫保鉴核。"1904年12月7日，直隶总督袁世凯批文："据详已悉。各属办理初等小学，苦无师范，前饬考选生员，就高等小学教习处学习三个月，为时甚促，获益无多。兹称设立初级师范学堂，以为各属先导，自系当务之急。……仰即如议办理，以示模范。"

1904年11月11日，直隶省学务处下发的《招考初级师范学生的告示》称："直隶各属初等小学堂需师甚殷，本处现于保定省城设立初级师范学堂一所，招考学生40名，以为各府州县之楷模，凡举贡生员年在二十以上三十以下者，著于十月十二、十三、十五日赴处投考……"

考生报名后，经初选、面试评出80名，于11月30日参加考试。12月7日发榜公布了录取40人名单，并令录取诸生于12月8日"亲偕保人，携带笔墨，填写甘结保状"。12月10日"入堂肄业"（举行开学典礼并开始上课）。学务处的两督办、两参议、顾问官、东教员（聘请的日员）、稽查官、译授（翻译兼教授）等人都参加了开学典礼。

保定初级师范学堂诞生于清末新政教育救国的洪流之中，伴随着中国新的教育制度的产生而产生。在其发展的早期阶段，经历了清末新政、辛亥革命、五四运动、抗日战争、解放战争，始终与时代同行，播下了"启钥民智、砥砺贤才、胸怀国是、献身真理"的种子。

2 规训既严　学风即正

办学宗旨与学制

建校初期，保定初级师范学堂的办学宗旨是"造就直隶初等小学堂教员"，可谓办学目标明确，但由于学制太短，培养的师范生应急尚可，却无法满足初等学堂对高质量师资的需要。

1910年，保定初级师范学堂更名为直隶第二初级师范学堂，并恢复招生，为完全科初级师范。遵照《奏定初级师范学堂章程》立学总义章第一节"设初级师范学堂，令拟派充高等小学堂及初等小学堂二项教员者入焉；以习普通学外，并讲明教授管理之法为宗旨；以全国人民识字日多为成就"的要求，直隶第二初级师范学堂的办学目标为："培养高等小学堂及初等小学堂教员。"通过考试择优录取，学制五年。自第二级学生始，按规定招"高等小学毕业生及与高等小学程度相等之学堂毕业生升入肄业，培养初等及高等小学教员"，学制为五年。

1910~1922年间，二师的培养目标明确专一，完全以造就高等小学和初等小学教师为目标。用当时刘续曾校长的话说，如果二师的毕业生不做教师和继续考取其他院校，这便是学校办学的失败。另外，这一时期学制较长，高小毕业后需在师范再学习5年，如果从初等小学算起到师范毕业，按照"癸卯学制"计算，学生在校学习时间长达14年，按照"壬子·癸丑学制"计算，也长达12年。如此长的学制加之明确专一的培养目标，使得二师培养的师资既具有稳定的专业思想，又具有过硬的教育教学本领。

学校管理体制

《保定初级师范学堂简易科总则》中明确地表述了当时学校的管理体制:"本学堂隶属于直隶学务处,为造就直隶初等小学堂教员,而为通省之先倡。""本学堂所设之教员暨其职掌列下:教员一人,译授员兼庶务员三人。""教员商承学务处总理担任教授训练等事,并监督所属各职员。""译授员兼庶务员,于前条所陈事务之全部或一部,副助教员办理。"可见,建堂初期是由直隶学务处直接负责行政和业务管理。学务处总理严修代理监督总揽全局。

1910年复校后,管理体制趋于正规。学堂仍隶属于直隶学务处,堂内设监督(堂长)一人,教务长一人,监学一人,庶务长一人,教员数人。学堂的一切工作分三部分,即教学、庶务和学生管理。监督为学堂总负责,统辖各员,主持全堂事务;监学禀承监督,掌管学生斋舍事务,负责学生管理,包括思想、卫生、生活和纪律等;教务长负责教学管理;教员、副教员掌管教育师范生之责;庶务长管理收入及一切庶务等。

民国时期,学校隶属省教育厅,校长由省教育厅委任,总理校务。校长之下设教务、训育、事务三课,每课各设主任一人,教务员、训育员、事务员若干人,均由校长聘任。学校还设有校刊编辑主任、中西医生、书记、附属小学主任。之后,为了加强学校的体育活动,增强学生体质,又添设了体育主任。学校的会议设有:校务会议、校务执行委员会、教务会议、训育会议、事务会议、附校教育指导委员会、经费稽核委员会、学科会议、招生委员会、学生体育卫生指导委员会、学生自治事业指导委员会、学生学术研究指导委员会等。

二师自建校起长期作为省属学校受省学务处（教育厅）直接管理，为学校成为河北省中等师范教育的龙头奠定了基础。就内部管理而言，学校组织机构完善，职责分明，呈现出"事事有人管，人人有事干"的管理格局。

课程与教学

保定初级师范学堂建校初期为速成简易科。1905年1月，《直隶教育杂志》刊载了《保定初级师范学堂简易科总则》，其中较为详细地记载了第一班的教学计划。其"修学期限自光绪三十年十一月四日起，至光绪三十一年五月三十日止"。其中包括：年假三十五日，远行运动会（每月平均一回不预定日期）六日，学业调查日七天。学科及其程度要求为："修身科：东西伦理纲要、国际公私诸德、国家人民间公私诸德及教员学生间公私诸德治纲要。教育科：教育原理、教授法、管理法、国家教育制度及教授相互演习、学堂参观、实事授业等。算术科：加减乘除、四则分数、小数及比例等。历史科：东西历史之大要。地理科：东西地理之大要。格致科：理化、生物、动植矿物诸学之大意。图画科：自在画、用器画及小儿手工之大要。授体列法、徒手体操、儿童游戏法。"其中，教育、算术占有极大比重且有详细的见习和实习安排，非常重视教师的示范作用以培养学生的教学能力，对各科教学提出了明确要求，如：讲授修身时，要求"理极纯正，语极平实""教法宜稍恢广"；讲授读经讲经时，要"先明章指，次释文义，务须平正明显，切于实用，勿令学童苦其繁难"；讲授中国文学时，强调"师范为教幼童而设，故须合深浅以教之"。

1910年，直隶第二初级师范学堂恢复招生，为完全科，学制五年。课程设置遵照《奏定初级师范学堂章程》，计有：修身、读经讲经、中国文学、教育学、历史、地理、算学、博物、物理及化学、习字、图画、体操。此外，尚可加外国语、农业、商业、手工等。因以培养高、初等小学堂师资为办学目的，所以特别注重讲授教育学、中外教育史、教育原理、教育法令、教育行政、教材教法、教育测验与统计、教育心理和学校管理法等内容。在教学上，强调因材施教和教学法的改进，既注重传授基础知识，又注重传授实用知识。

民国时期，依据1912年教育部公布的《师范学校规程》和《普通教育暂行课程标准》，二师学制改为五年，预科一年，本科四年。"预科之学科目为修身、读经、国文、习字、外国语、数学、图画、乐歌、体操"。本科的课程设置为"修身、教育、国文、外国语、历史、地理、数学、博物、理化、法制、经济、习字、图画、手工、音乐、体操"。1919年后，课程设置略有调整，废止了读经课，国文改国语，修身改公民，图画改美术，体操改体育，外国语单设英语，注重教育和体育学科。这个时期的课程设置，具有以下一些特点：一是注重教育理论课程。在课程设置上"教育学科"占有非常大的比例。入学后从第三年开设教育类课程，直到第五年，且每年学时递增，第五年增至每周11课时。二是注重教育实践课程。第五年每周11课时的教育课程中，有8课时是教育实习。加上第五学年的"第三学期（当时一学年3个学期）专为实习之用",非常有利于师范生教育教学能力的养成。三是劳动课占有一定的比重。特别是 1933 年试办农村师范后,劳动课被纳入了学校的教学计划。在课堂教学中,废除"旧日强为注入之习",采用启发式、讨论式、演示式等新式教学法,并注重实验、实习,建立了附属小学、农场等教学、生产基地,使学生能将书本知识应用于实践之中,大大提高了教学质量。学校教学所用图书,由校长就教育部审定图书内择定。

学生及管理

保定初级师范学堂成立初期,面向本省各府、州、县招生。对考生的要求为:(1)须为举人、贡生、廪生、增生、附生等;(2)年龄在 20 岁以上 30 岁以下;(3)品行端谨,文理优通,身体健全,尤以中国文理优通为主。光绪三十一年(1905)六月,学堂榜示招生,特别强调:(1)年岁不合格者不收;(2)身体孱弱残废者不收;(3)吸食鸦片者不收;(4)冒名冒籍者不收;(5)现在各学堂肄业者不收;(6)无保证者不收。入学考试分初试和复试两步,复试合格者方能录取。学生入学之初,谓之试学,四个月内细察其资性品行实在相宜者,始准留学。

学校极其重视对学生的教育和引领。1904 年 12 月 10 日在第一期学生的开学演说上,庶务长张彬便对学生在堂学习期间的专业思想、学习态度、同学交往、生活习惯等提出了明确的要求,"权其大要,约有四端。一在立志,务以普及教育为己任,而不惑于他途;二在勉学,务以研求有得为止境,而不涉于急荒;三在乐群,知能互益,教学相长,不可怀轻蔑之心,兴嫉妒之念；四在守法，饮食无讼，兴居有节，不可染嚣张之习，腾诽谤之谭。凡此诸端，足昭法戒，其余他故，即可类推"。

学校制定了严格的管理制度和奖惩措施。在《保定初级师范学堂简易科总则》中写道："左记（下列）之学生，不论何时，得命退校：(1) 学生之进步不足，无毕业之望者；(2) 品行或人物不适为教员者。以上二项由教员之认定，教务处总理决之，本人及同僚学生不得争诉。""由前条命退校者，兼干犯左记（下列）事件，追缴在堂之食费：(1) 故意懒惰及不敦品行者。(2) 破廉耻及害学生本分之行为发见者。以上二项，由教员之认定，学务处总理决之，本人及同僚不得争诉。本条食费以一月三两计算；追缴之期，以退校后十日为限。若十日内必不能完纳者，须举出确实保证人一名，由学务处之承诺，更延期三个月。"根据以上规定，学堂第一学期淘汰两三个人，到毕业时，一个班内往往淘汰十人左右。

学校对优秀学生，有相应的奖励措施，以收榜样之效。光绪三十二年（1906），学堂对出全勤的12名学生和单科满分的8名学生出榜给予名誉奖励，并上报学务处登入《直隶教育杂志》，"以为勤学有为者劝"。对学习特别优异者，学堂将保送其出国留学。据《大公报》1905年8月25日消息："初级师范学堂头班毕业生，伏假以前经学务处督办严范孙京卿莅堂甄别，刻将甄别之第一名王茂才①、第二名卢茂才（卢岳）均

---

① 茂才即秀才，速成简易科特优及优秀毕业生奖励秀才。该生名叫王谦吉。

派赴日本游学,业已赴津领资,以便东渡。"

保定初级师范学堂对毕业生还有严格的从教义务规定。《奏定初级师范学堂章程》毕业效力义务章规定:"省城初等师范学堂毕业生,应有从事本省各州、县小学堂教员之义务;从事教员之年限,由官费毕业者,本科生六年,简易科生三年……此年限内不准私自应聘他往并营谋他事。义务限满,视其尽心无过者奖给官职。如满年限后仍愿充当教员者尤善,除奖励外,自应准其续充;如更充当年久,积有劳资者,从优奖励。""初级师范学生,毕业后如有不肯尽教职义务,或因事撤销教员凭照者,当勒缴在学时所给学费,其数多少,临时酌定。"根据以上规定,保定初级师范学堂明确规定:学生毕业后要从事本省各州县小学堂教员义务6年,在此年限内不准私自应聘他往并营谋他事,否则要勒缴在学时所给学费。

学校初期的学生及管理具有以下特点:一是录取条件严格,学生质量高,为学校培养优秀师资奠定了优质生源基础。二是管理制度详备,奖惩分明,不徇私情,为形成优良校风、学风提供了优良制度保证。三是既注重对学生实施全员管理(凡在职教员均负训导之责),又注重学生的自治,并辅之以详尽切实的日常规范。这是二师学生管理和学风建设的三大成功经验。

3 保定"红二师" 北方"小苏区"

在保定,人们往往亲切地称呼保定师范学校为"红二师"。一个"红"字,响亮传神而又内涵丰富。"'红二师'之所以'红',就在于有共产党的领导,在于用革命理论武装青年学生,引导他们走上革命道路。"① "红二师"的"红","红"在追求进步,勇站潮头;"红"在志存高远,爱国求真;"红"在启迪民智,奉献担当。

马克思主义的启蒙

1919年,"五四"爱国运动爆发并很快波及保定。1919年5月22日,保定大中学校学生代表在育德中学成立了"保定学生联合会",决定各校成立"中华救国十人团"。二师学生冲破阻挠,组成讲演团、示威团,走上街头广泛开展爱国宣传活动,痛斥帝国主义的侵略及北洋军阀政府的卖国行径。1921年3月,邓中夏来保定任教,传播马克思主义,为古城播下了革命的火种。1922年12月,由二师三轮三级学生唐澍和二轮七级学生王化机、李贵珍、杜振纲、于德刚等人发起并组建了学生自治会。校长刘续曾以封建家长方式管理学校,抵制新文化运动,强令解散自治会。但学生们意志坚定,不惧高压,遂酿成"驱刘斗争"。后直隶教育改进会在北京大学召开全体大会予以声援,新文化运动的主将陈独秀亦著文讨刘。在舆论的压力下,刘续曾被调离二师。"驱刘斗争"的胜利,为学校带来了生机勃勃的民主思想,也为中国共产党和社会主义青年团在二师的建立奠定了基础。

---

① 王鹿鸣:《保定二师 无上光荣》,《保定日报》2012年5月13日A2版。

党、团组织的建立和发展

1923年,二师有了中国共产党党员。高级2班[①]学生刘承诰[②]、国文教员王岑伯[③]、中国社会主义青年团团员崔文成等人来到学校后,很快就成为团结进步学生的核心。他们在校内发展党、团员,积极开展建党、建团活动,保定党、团组织活动的中心很快转到二师。到1923年底,二师有共产党员4人:刘承诰、崔文成、张凤、黄钟瑞;有社会主义青年团团员刘宪曾等16人,成立了团支部,刘承诰任书记。1924年,二师学生中的共产党员发展到17人,建立了中共二师小组,刘承诰任组长。1925年春,中共保定二师支部成立,刘承诰任书记。同年5月,支部书记由高级2班学生丁正礼接任。6月,上海"五卅"惨案后,根据党组织的指示,学生王志远、王之平(王如松)组织了二师"五卅"惨案后援会,发动学生罢课游行,到工厂、学校、街道、农村进行宣传,义演募捐。王鹤寿、朱林森、李庆林等人参加了四幕话剧《杀我同胞》的编导和演出。同时在保定南关公园召开了千余人的大会,控诉日、英帝国主义残杀顾正红和屠杀中国人民的罪行。

1927年8月,中共顺直省委成立,随即中共保定特别支部成立,办公地点设在二师校内,韩温冬为负责人。是年秋,

[①] 这年暑期,二师在招入新制第1、第2两个班的同时,还招收初中毕业生组成两个高级师范班,学制两年。
[②] 在育德中学加入中国共产党。
[③] 1922年在北京大学加入中国共产党,1923年上半年来二师任国文教员。

建立共青团保定特别支部,丁浩川(丁广河)任特支书记。12月下旬,侯薪(侯喜全)任二师党支部书记。随后侯薪与育德中学党支部书记习从真、省立六中党支部书记于澄清(于涛)秘密联系,经过筹划,组建了中共保定市委并得到中共顺直省委承认,市委办公地点仍在二师校内,侯薪任市委书记。

1929年11月10日,侯薪被捕后,由张锡彦接任二师党支部书记。1930年7月,贾良图接任。这一时期,学生葛永盛、赵绍培相继担任中共保定市行动委员会宣传委员。

1930年2月,张陈卿以省教育厅督学身份代理二师校长,由于他是北师大毕业生,所以请来一些北师大毕业的进步教员。1931年6月,张云鹤任二师校长,他思想比较开明,对学生的革命活动持同情和维护态度,党组织或同学们通过关系物色到的进步教师,他也帮助聘入校内任教,如国文教员周永言[①]、英文教员刘清泰、训育主任张泊生、史地教员张明[②]等。学校里这批优秀的进步教员,在学生中广泛传播革命思想,使进步学生思想更加活跃,革命热情更加高涨。

1930年11月,曹金月接替贾良图任二师党支部书记。1931年2月,中共河北省委派二师学生贾振丰、王义顺等建立了中共保定中心县委,贾振丰任书记,赵典谟(又名赵天

[①] 又名永年、幼年,四川越西人,中共党员,北方左联筹办人之一、保定左翼作家联盟负责人。曾任河北省委秘书长、北平文化总同盟党团书记。

[②] 朝鲜人,又名张北星、张寒三,曾在东北从事抗日宣传工作。

叙、鲁夫）任宣传部长，王义顺任团中心县委书记。同时，臧伯平（臧树棠）负责编辑出版保属团特委和保定西关团委的革命文艺刊物《曙前》和秘密刊物《破晓》。

"九一八"事变后，二师成为保定宣传发动群众抗日的堡垒。1932年1月，中共河北省委决定恢复中共保属特别委员会，二师学生贾振丰任保属特委书记，贾良图任秘书长，赵典谟任宣传部部长，王义顺任团特委书记。5月，为加强对保定城乡学生运动和农民运动的领导，中共河北省委派黎亚克（李之道）来保定，改组保属特委，黎亚克任书记，贾良图任秘书长，曹金月任组织部部长，杨鹤声任宣传部部长，王义顺任团特委书记。此时，中共保属特委和团特委的成员大部分是二师学生。

星火燎原红遍天

"在20年代后期30年代，二师除了有共产党、共青团的秘密组织外，也有半公开的赤色群众组织"[1]。这些革命群众组织也是由二师的师生主要负责。如保定反帝大同盟的负责人是曹金月、刘俊喜和王育杰（后改名王冀农）；保定革命互济会的负责人是刘玉林（任组织部部长）、王振明（笔名宇斧，后改名王禹夫，任宣传部部长）；保定左翼作家联盟的负责人是周永言和杨鹤声；保定社会科学家联盟负责人是刘光宗和鲁志浩；"鏖尔读书会"（又名新生读书社）的负责人是贺文玉和肖镇青。除了上述进步组织外，也建立了不少公开的学术社团，如丁浩川、侯薪等50余人组织参加了"社会科学研究

---

[1] 宇斧：《夜读偶忆》。

会",办起了"书报贩卖部",在学生中推介《新青年》《向导》《语丝》《独秀文存》《二七纪念册》等各种进步书刊,传播马克思主义;成立了文学研究会、音乐研究会、武术社,还开设有业余的日文学习班以及校长张云鹤亲自讲授的世界语学习班等。党组织领导建立的这些半公开的赤色群众组织,把大部分学生团结在了党的周围。这样,二师学生中的共产党员、共青团员以及党的外围组织反帝大同盟、左联、社联、教联、革命互济会、"鏖尔读书会"、文学研究会等组织的成员,占学生总数的80%以上,革命力量得到空前发展。

1925年后,二师党支部按照上级党组织的安排,输送了一批学生骨干到外地工作学习,从事革命活动。如王鹤寿去中共北方区委党校学习,胡步三①去黄埔军校学习,解学海②、崔长顺去顺直省委工作,高庆熙(张宗信)、李恒魁、刘锡三(刘耀德)到五原县冯玉祥的军政学校学习工作,李政祥到正定驻军工作。

---

① 胡步三,河北省阜平县人,1920年入二师,1923年加入社会主义青年团;1924年转为中共党员。1925年冬入广州黄埔军校步科第二团第二连学习,翌年冬毕业后留校担任卫生队长。1926年12月,被派到哈尔滨,担任中共北满地委军事委员。
② 解学海,河北无极县南朱村人,1922年秋考入二师。国共合作时期,解学海1925年加入共产党。1926年5月,解学海和二师同学刘珠受党组织的委派,参加广州农民运动讲习所第六期学习,聆听了毛泽东、恽代英等人的讲演。9月,解学海在中共北方区农民运动委员会工作。后到邢台、玉田从事农运工作。在玉田周边农村建党支部十几个,发展党员100多人,农会组织发展到500多个,会员8万多人,遍及遵化、丰润、蓟县一带。历任遵化、玉田、丰润三县中心县委书记、农民协会总会长。1928年壮烈牺牲。

同时，二师党支部还组织党员利用假期回乡的机会，在广大农村的穷苦农民之中广为宣传党的革命思想，发展党团员，建立党团组织。1924年暑假，王鹤寿和同学刘墨精回到唐县宣传革命，刘墨精是唐县第一个共产主义小组创始人。王志远、张凤到博野开展革命工作，在小庄头村开展了建党和组织农民协会的活动，创建了中共博野县第一个党支部。刘宪曾、梁度世、宋宗海①到蠡县发展党团员。蠡县第一个共产党组织——大庄头党支部就是宋宗海于1925年2月创建的。刘宪曾先后任蠡县县委书记、中心县委书记。1929年2月，他到南宫中学任教并兼任训育主任，积极宣传中国共产党的主张，为后来的建党工作初步奠定了基础。王之平（王如松）1920年考入直隶第二师范学校，1924年3月加入共产党，1925年到清苑县固上村小学任教，于1926年3月建立了中共东乡党支部并任书记，这是清苑县历史上第一个共产党支部。1926年上半年，王之平回到满城县王辛庄村。8月，经中共保定地方执行委员会批准，王之平与侄子王永昌②和王永谦③在王辛庄建立了满城县第一个党组织——中共王辛庄党支部，王之平任书记。1925年秋，二师学生共青团员朱林森、郭慕文、李培准、侯薪四人，回到原籍隆平县④，在朱林森的父亲当职

---

① 又名宋泊周，蠡县大庄头村人，1924年5月在学校由梁度世介绍加入中国共产党。
② 北京大学学生，1925年初参加共产党。
③ 王永昌之弟，在育德中学加入共产党。
④ 今隆尧县是1947年8月由原隆平、尧山二县合并而成的。

员的县财政局成立了临时团小组,朱林森任组长,隆平县第一个团组织建立。到1926年春,全县先后建起了县立师范、县立高小等13个团支部,团员人数达到100多人。1926年8月,共青团北方区委巡视员刘子奇巡视隆平县,朱林森向他汇报了隆平县团组织的工作和团员状况。考虑到隆平县超龄团员多的实际情况,刘子奇提议发展党员,建立党组织。根据刘子奇的提议,朱林森在隆平县陈村大庙主持召开了全县共青团活动分子会议。会议决定(后经中共北方区委同意),凡年满18岁、思想进步、工作积极的共青团员,均转为共产党员,不再办理入党手续,并从入团之日起计算党龄。会上,选举了中国共产党隆平县执行委员会,建立了冀南地区第一个中共县委组织,朱林森任县委书记。中共隆平县委建立后,即将全县13个共青团支部改建为党团支部,全县共有党员99人。

"据不完全统计,从1923年到1932年'七六'爱国护校斗争前夕,保定二师的中共党员和共青团员,响应党的号召,利用寒暑假回乡时间,深入到河北省53个县的农村,联系贫苦农民,组建农民协会,举办平民学校、农民夜校、冬学,宣传马克思主义,传播革命火种,发展党员、团员,建立党团基层组织,共计在29个县建立了党支部。这是保定二师对我省党的早期建设所作出的开拓性的重要贡献。"[1] 因此,二师成为中共保定地方党组织的活动基地,成为河北省广大地区的革命策源地和领导革命运动的核心地,故有"北方小苏区"的美誉。

---

[1] 王鹿鸣:《保定二师 无上光荣》。

4 "七六"爱国护校斗争

1932年7月的保定二师"七六"爱国护校斗争，是河北乃至华北地区党史上的一件大事，是保定学院百余年发展史上浓墨重彩的一笔。对这一历史事件，江泽民同志在1991年9月视察河北时给予了很高评价，他指出："河北不仅历史上人才辈出，而且也是有光荣革命传统的地方"，"1932年7月保定第二师范学校的武装护校斗争以及后来的冀东、冀南暴动，都震撼了国民党反动派的统治……"①；1993年7月5日，时任团中央第一书记的李克强同志在时任河北省委秘书长栗战书同志陪同下，参观了"七六"烈士展览馆，瞻仰了"七六"烈士纪念碑。

救亡图存站潮头

1931年，日本帝国主义悍然发动"九一八"事变，蒋介石采取不抵抗政策，短短几个月，东北三省近百万平方公里的国土沦陷，三千万同胞被踩躏在日寇的铁蹄之下。保定二师的青年学生在中共河北省委和保属特委领导下，和全国爱国学子一样，冲破国民党的重重封锁，走上街头，宣传抗日救国主张，站在了抗日救亡斗争的最前列。1932年5月，中共河北省委派黎亚克（李之道）来保定改组保属特委，黎亚克任书记②，二

---

① 参见《江泽民总书记在听取河北省委工作汇报后的讲话》，1991年9月22日。
② 原书记为二师新制9班学生贾振丰，仍留特委。

师新制 7 班学生曹金月任组织部部长，新制 7 班学生杨鹤声任宣传部部长，新制 7 班学生贾良图任秘书长，新制 9 班学生王义顺任团特委书记，新制 10 班学生臧伯平任西关区团委书记。此外，当时保定的一些进步社团和组织的负责人大多也是二师的学生。这些组织把大部分学生团结在了中国共产党的周围，成为一支重要的革命力量。

拼将热血卫中华

对于保定二师风起云涌的抗日救亡活动，国民党当局极其恐慌。5 月初，河北省教育厅拟定了所谓"防共办法六条"，令直辖各院校防范共产党，并要各校把通令抄录张贴在校园，"以遏乱萌"。

1932 年 5 月中旬，省教育厅督学鲁清泉来保定调查二师学生运动。5 月 20 日，鲁清泉以经费短缺为由宣布学校提前放假。大多学生在不知虚实的情况下离校回家，学校即被停闭。二师党组织察觉提前放假可疑，经研究决定组建留校代表团，由学生选出贾良图、曹金月、杨鹤声等 12 人，分成两组轮换住在保定，观察动静，以应急变。鲁清泉回到天津后，教育厅拟定了改组保定二师议案：开除贾良图等 35 名学生，勒令 40 多名学生休学；撤换校长张云鹤，任命萧世钦为校长；将学校改组为乡村师范。中共保属特委根据河北省委的指示，立即召开会议研究对策，决定发动学生开展护校斗争，不能让当局破坏这一革命基地。6 月 15 日，留校代表团说服守门的工友打开校门，进驻学校并派学生代表通知回家的同学返校。经过几天紧急通知，有几十名同学陆续回到保定，进入学校。

6月22日，军警荷枪实弹，包围学校。被围在校内的人员共计60人，其中学生58人，厨工2人。后来到达的学生在校外参加了护校斗争后援会的工作。为了对付军警的武装包围，留校学生推举成立了护校委员会，建立了武装护校团，在中共保属特委领导下全面开展护校斗争。杨鹤声任护委会主席，曹金月任副主席兼武装斗争总指挥，贾良图负责组织工作，刘光宗、臧伯平负责外宣工作，刘玉林任纠察队队长，冉志恒负责伙食庶务，鲁志浩负责会计工作。护委会组织同学在学校围墙内设置岗哨，手执平时练武用的红缨枪、刀、棍，与军警隔墙对峙，坚决拒绝当局解散学校。

为了让社会各界了解事实真相，争取社会声援，护校委员会发表了《师生护校合作宣言》，派学生每天站在书桌上，用喇叭筒向墙外过往群众演讲，揭露反动当局镇压学生抗日爱国斗争的暴行。为了进一步扩大宣传，学生还编印了多种小型传单，包上小瓦片，投向校外和对面育德中学操场，或捆在小木棍上射出去，他们还把粉笔研碎，制成粉浆，跳到围墙外，书写大字标语，争取社会舆论的同情和支持。为了限制学生宣传，反动当局封闭道路、驱散行人，护校委员会就把包围学校的东北军士兵当成主要宣传对象。通过与士兵隔墙谈家常、交朋友，逐步取得了一些士兵的同情和支持。在爱国士兵的帮助下，校内外党组织、学生之间的联系一直未中断，二师学生爱国护校斗争的消息屡屡见诸各大报纸。

面对护校学生，当局先是断粮、断电、断电话、断绝对外交通联系，之后又采取诱骗、分化、恐吓等阴谋手段，但都未能使学生屈服。6月25日，护委会决定突围买粮。他们制定了周密计划使第一次突围买粮成功。继之，第二次买粮也取得了成功。反动当局对学生实行武力恫吓的同时，还不断施以软化阴谋。6月25日，正当校内已经断粮的时候，反动当局派人到校内"谈判"。要学生离开学校，并以饥饿、武力镇压相威胁。二师学生高呼"坚持斗争到底！""决不中途妥协！"为了瓦解爱国学生，反动当局还派人到各县造谣，说二师学生要造反，被包围快饿死了，诱骗家长速去学校把学生叫回家。不少家长从各县赶来，隔着学校围墙劝说孩子离校回家，同学们向家长说明了真相，晓以抗日救国大义，取得了家长的支持。

反动当局软硬兼施未能使爱国学生屈服，终于露出了凶残狰狞的面目。7月6日凌晨3时，军警发起了对校园的武装进攻，分别从北面、西面扒开围墙，端着机枪、步枪一齐向学生开火扫射。同学们毫不畏惧，英勇搏斗，视死如归。7月6日五时许，这场残暴的屠杀收场了。贾良图、王慕桓、邵春江、张树森、赵克咏、张鲁泉、马善修和吕清晰8名爱国学生壮烈牺牲；边隆基、陈锡周、焦振声和刘东升等人重伤，边隆基后因重伤在医院牺牲。曹金月、杨鹤声、刘玉林、刘光宗等40名同学被捕。第二天，《大公报》记者进入校内现场，写道："行到总务股门口，见血殷柱石，共三处。盖军警与学生冲突时，首先受伤学生所流之血。虽经泥土掩盖，然流血过多，痕迹犹存……备觉惨凄。"大屠杀之后，反动当局于第二天又调集大批军警对学校进行了大搜查，翻遍了所有的房间、院落，并乘机进行了野蛮的大抢劫，学校的贵重物品被军警运走，同学们保存在学校的个人生活用品也被全部抢光，学校遭受疯狂洗劫，损失惨重。

被捕学生在狱中继续坚持斗争，他们受尽酷刑，仍坚贞不屈，把法庭变成了控诉当局罪行的讲坛，把监狱变成学校，为革命积蓄知识和力量。他们建立了狱中党组织，出版秘密刊物《突进》（共七期），进行了三次绝食斗争并取得胜利。朱瑞祥（朱韬）在《突进》上赋诗言志，发表《新病中吟》："我骨瘦如柴，面似干姜，青春斗志火一样，决不让狱卒钉死在棺木里，往地下深深埋葬。我愿在革命的烈焰中火化，把骨灰在时代的风暴中播扬。飞！飞！飞！……飞到那自由的家乡。"反动当局见从被捕学生身上得不到任何东西，便进一步血腥镇压。9月7日，曹金月、杨鹤声、刘光宗、刘玉林4位同学高唱国际歌，慷慨就义于刑场；朱瑞祥、冉志恒、王嘉宾等10位同学被判刑10年，臧伯平（臧树棠）、王育杰（王冀农）、李锡绶（李舜天）等7位同学被判刑两年零八个月。在当局的血腥镇压下，共有13名爱国学生[①]英勇牺牲，这就是震惊全国的"七六"惨案。

旗帜的力量

"七六"爱国护校斗争在全国引起了巨大反响。1932年7月8日，中共河北省委发表《为保定惨案告民众书》，强烈谴责国民党当局残暴屠杀爱国学生的罪行，号召全省民众团结起来，罢工、罢操、罢岗、罢课，组织各地"保定惨案后援

---

① 其中12名共产党员、1名共青团员。

会",扩大反帝反国民党反动派的斗争。当时在南方苏区出版的《红色中华报》,对保定二师惨案也及时作了报道并给予了应有的评价。1932年秋冬间,中共保属特委在悼念保定二师护校革命斗争及"高蠡暴动"牺牲烈士的《悼念烈士歌》中写道:"你们为着革命而牺牲留下了光荣的死。你们长眠在坟墓中;残暴的强权还在行凶,我们踏着这一条血路而前进,继你们的志以慰你们。你们长眠在坟墓中;残暴的强权还在行凶,我们踏着这一条血路而前进,继你们的志以慰你们!"

1950年12月1日,在中共河北省委书记林铁、河北省人民政府主席杨秀峰、中共保定市委书记张君、中共察哈尔省委组织部部长杨士杰等同志的倡议下,在河北省立保定师范学校的校园内建成了庄严肃穆的"七六"殉难烈士纪念碑、纪念亭,以旌表先烈的丰功伟绩。

5 知行并重 "三杆教育"

校长萧世钦是"三杆教育"在学校的倡导实施者。

萧世钦(1884~1966),字汉三,河北清丰(今属河南)人。幼年家贫,只读过几年私塾。由于他品学兼优,修业不久便充任塾师。后又因执教有方,被破格提升为县教育局局长。在此期间,他克服重重困难,破除迷信,拉倒神像,把庙宇改作校舍,以庙产改充办学经费,颇得正义人士拥戴,被选赴日本广岛高等师范学校留学。

1932年6月,河北省教育厅采纳萧世钦的劳动生产教育计划,并报经省政府批准任命其为省立第二师范学校校长。任职期间,萧大力推行"三杆教育"(笔杆、锄杆、枪杆),要求学生学习农田耕作,通过半耕半读的方法,使学生种地不忘读书,读书不忘种地,以养成有知识者能生产,能生产者有知识,能文能武会种地之公民。所谓"笔杆"就是知识教育,主要是培养学生的自治能力,以期达到"小之可以自立自达,大之可以立人达人",对于知识教育,学校严格按教育部颁布的师范学校章程办理。所谓"锄杆"就是农业教育,主要是培养学生自食其力的能力,以期达到"小之可以耕田而食,大之可以以农富国、以农裕民"。学校将学生放在农村社会环境中,让他们体验农村生活,使之在研究书本知识之外,还能学习怎样在田间农场工作。在这样的教育环境中锻炼出来的人才不但有生产技能,还有俭朴耐劳的习惯及对于中国农村社会深切的认识。所谓"枪杆"就是军事教育,通过设置专职军事教员,开设军事课程,开展军事训练,培养学生的自卫能力,以期达到"小之可以保家护身,大之可以捍侮卫国"。

"三杆教育"的实质是强调"知行并重"的职业化教育思想,目的是将书本教育与实际生活融为一体,使学生通过六年的训练,养成勤朴耐劳的习惯,强健精壮的体格,有充分的应用知识及熟练的生产技能,成为一名最健全的小学教师,或依靠学得的生产技能独立自营。这种与农村生活结合极为紧密的教育方法教出的学生自然有能力也愿意深入农村工作。

萧世钦对学校教学内容、教学方式和课程设置均作了大幅调整,以适应推行"三杆教育"的需要。在教学方面,分为课堂和堂外两部分，每日课堂教学时间为六小时，教员按课程表循序授课，所有普通科完全与教育部颁布的普通师范章程相合。此外，学生还要轮流到农场劳动。课堂教学与农场劳动的时间分配视季节而定。平时，每班学生于隔日午后由农业部及训育课教职员带领到农场实习耕种一次，其余时间课堂授课；农事稍急时，各班学生每天午后由教职员带领到农场劳动；农事最忙时，星期天或节假日全体师生都要去农场劳动。为不误农时，学校不放暑假。即使在炎热的暑天，也坚持下地劳动，遇星期天或放假日师生也要劳动半日。在课业方面，学校十分注重对学生的指导，课外作业按学生各科的优劣、智能的高低规划其作业量，学生根据兴趣研究各种学科，以使其才智得到充分发挥。在体育方面，主要学习军事操列、武术、普通体操。每天还有早操，除体育教师及训育人员必须到场外，其他教职员也可自由参加。课外运动如各种球类比赛、各种游艺及游泳、骑马、骑车的练习也由师生共同进行。为帮助学生参加生产劳动，学校出资购买了大量土地，分为试验区、经济区、森林区。其中试验区占地 253.5 亩（其中购 140.1 亩，租 113.4 亩），其目的是视其收成如何决定是否引入经济区试种，并向各县推广；经济区占地 1680 亩。试验区试得的优良品种在经济区大规模种植，种类有棉花、麦、谷等。学校还购地 819.5 亩作为森林区。

为推行"三杆教育"，萧世钦本人身体力行，经常和师生一同参加田间劳动。1934 年夏，他要求学生全部参加蒋介石、黄杰在保定举办的高中学生暑假军训，专门请军队在学校成立了一个大队，对第一、第二、第三、第四班级学生进行训练。同年冬，又组织这四个班级学生轮流到博野杨村张荫梧创办的四存中学同该校学生共同生活、参观实习。他还本着"三杆教育"宗旨创作了《河北省立保定师范学校校歌》歌词，使全校师生朝夕吟咏以自警惕。1933 年 12 月，河北省教育厅督学鞠瀛视察河北省立保定师范学校后，对校长萧世钦的评价是"诚朴切实，办事勤劳"，对学校的总评中有这样的表述："就视察所提，该校学生确能操作农业上之工作，不以为苦，且收获分量亦不弱于农人……各教职员均能督率以身作则。"

萧世钦积极倡导并实施的"三杆教育"对于促进学校实践教学，提高学生实践能力起到了积极的促进作用，收到了良好效果。此时期就读于保定二师的师昌绪先生回忆说："保定师范特别重视劳动生产教育"，"学校购买了近千亩土地，分为经济、试验、森林、苗圃等区块，学生要真正下地干活，每周 4 个半天，星期天都被占了，十分艰苦。这使我在中学时代就有了一个非常勤劳的训练，培养了自己对劳动的热情。现在让我去给果树剪枝，我还知道哪根枝明年会挂果，哪根枝应该剪掉。劳动教育包括很多内容，并不只限于教学生做农活。热爱劳动是一种做人的品德，劳动教育是塑造人的品德的有效途径。我的体会，劳动教育对于青少年的健康成长十分必要：一可以培养对劳动人民的感情。国家是人民组成的，爱国就要热爱祖国的人民，通过勤恳劳动为人民服务。二可以使青少年体验生产的艰辛，养成艰苦朴素、勤俭节约的观念，去除好逸恶劳的恶习。贪图享受，那只能消耗国力，而不能创造财富。三可以提高学到的书本知识的应用能力。学习就是为了应用，为了解决人类生产、生活里的实际问题。科学技术是第一生产力，就是因为科学技术来源于生产，推动生产，引导生产的发展。我后来在生活中、科学研究中坚持的一些原则，就是得益于我在保定师范读书时劳动教育的熏陶。"[1]

6 师范之范　又红又专

钱基博在《直隶兴学记》中指出："（直隶）自创设师范学堂，日就月将，四年而全省之中小学堂如期成立。风声所播，于是山东、河南两省人士胥以直隶办学知所先后，程效最速，可为法式，请选派俊秀附学师范，以资观摩而开风气。"伴随着我国近代教育的发展，保定二师与湖南一师、晓庄师范齐名，作为中国"师范学校的光荣代表"见证了我国近代师范教育从创建、发展到繁荣的全过程。

首开风气，以示模范

保定二师是河北省最早创建的师范学校之一。1904年，直隶总督袁世凯指示省学校司督办严修创建保定初级师范学堂时，目的之一即以此校"为各属之先导"，"能由省城而递推各府厅，由府厅而递及各州县"，"以示模范"。在以后的日子

---

[1] 师昌绪：《回忆与希望》，载《保定学院学报》2009年第6期。

里，保定师范学校不负众望，始终走在河北省初等、中等师范教育的最前列。1914年教育部视察直隶省学务，获"管理教授，尤以第二师范学校为优"的好评。

红色沃土，革命摇篮

保定二师学生思想进步，有着光荣的革命历史。20世纪20年代末30年代初，中共保属特委和青年团保属特委就设在该校，二师成了北方广大地区的革命活动策源地，有"北方小苏区"的美誉。1932年7月，二师学生在党的领导下参加抗日救亡运动，开展"七六"爱国护校斗争，影响及于全国。据不完全统计，二师学生中的党、团员开展革命活动的足迹，南至邯郸市的肥乡县，西至石家庄市的平山和井陉县，北至北京市的通县，东至山东省东明县，遍布53个市、县。"七六"爱国护校斗争失败后，学校暂时停办，被迫离开学校的共产党员和革命青年，没有被当局的恐怖政策所吓倒，而是总结斗争的经验教训，转移和分散到河北广大农村，坚定地走上了与工农相结合的道路。他们深入到农民群众之中，以各种职业做掩护，有的担任农村学校的教师，有的加入农民协会，宣传革命，发展组织，壮大革命力量，开展抗日救亡运动。1932年8月，在中共河北省委和保定特委直接领导下的"高蠡暴动"中，第一大队政委贾振丰、第二大队政委王义顺、第三大队政委赵典谟均为二师学生。"七七"事变后，二师的很多学生走向了抗日战争的最前线。

著名作家、二师校友梁斌根据"七六"爱国护校革命斗争创作的长篇小说《红旗谱》，影响了一代代的青少年。书中以大量篇幅真实而细腻地描写了护校斗争的全过程，真实地再现了二师学生出生入死、同仇敌忾同反动当局进行殊死斗争的风貌，很多情节几乎就是"实录"，惨遭杀害的护校委员会主席杨鹤声、副主席兼武装斗争总指挥曹金月、宣传部长刘光宗等烈士在小说中悉用真名，贾良图烈士的名字仅改一字写成"贾应图"，王慕桓烈士和焦振生烈士分别取姓氏称"小王""小焦"。1959年，保定市剧团根据《红旗谱》创编现代剧《红二师》，参加全省观摩演出，在当时引起很大的轰动，自此二师又有了一个十分响亮的名字——"红二师"。

严于管理，勤于实践

作为教师的摇篮，保定二师历来以管理严格著称。"年岁不合格者不收、身体孱弱残废者不收、冒名冒籍者不收、无保证者不收"，入学条件近似苛刻。"进步不足无毕业之望者""品行或人物不适为教员者""故意懒惰及不敦品行者""破廉耻及害学生本分之行为发见者"，"不论何时得命退校"，并"追缴在堂之食费"，管理制度可谓铁面无私。除周六、周日外学生不得随意外出，除周六晚无自习外，其余每天均有晚自习，教学管理堪称严格。

一名合格的教师不仅要有高尚的师德，丰富的知识，而且必须具有熟练的教育教学技能和过硬的本领。保定二师一向注重教育实习和教学实践，学校下设两所附属小学，师范生轮流到附小见习，"随时研究教授、管理、训练之理法"，"当有跃跃欲试之景象，乃使之实习"。在课程设置上"教育学科"占非常大的比例，民国期间，学制五年，从第三年开设教育类课程，直到第五年，且每年学时递增，第五年增至每周11课时，其中教授法、管理法3课时，教育实习8课时。一年之中每周8课时的实习，加上第五学年的"第三学期（当时一学年三个学期）专为实习之用"，实习期间师范学校的教师和附小教师双重指导，这足以让师范生在毕业之前掌握过硬的教学本领。

新中国成立初期，为了尽快恢复和提高教学质量，学校相继制订了《年度教学计划》《实习工作计划》《学生升、留级的标准》《学籍管理办法》《教师须知》《学生奖惩办法》等规章制度，教学秩序恢复正常。此外，学校加强了教研活动，建立了各科教学研究小组。每学期初，各组在教学计划的要求下，制定教研组活动计划和具体内容。当时的教研活动主要有：业务学习，包括教育理论和教师专业学习；集体备课，在个人钻研的基础上进行单元的集体研究；相互听课，规定同科教员必须相互听课；专题研究，对教学改进的重点或教材中的重要问题进行专门的研究；另外还有观摩教学、经验交流会等。

保定二师培养了大批活跃在教育一线的优秀的中小学教师。到20世纪二三十年代，河北省各州县高级小学的教师，多为二师毕业生。北平的一些小学认为二师学生质朴、教学能力强，也纷纷争聘。当时的北平师范学校名师多、规格高、设备齐，是全国有名的学校。一个时期曾出现了"平保之争"，两校毕业生在北平任教者约各占一半。保定二师能与北平师范争雄，足见其办学水平之高、影响之大。新中国成立后，北京市评选的首批小学特级教师中，王企贤和缪玉田就是保定二师的毕业生。

三 名师璀璨 英才辈出

1 严修:中国近代教育的前路先驱

严修何许人?周恩来说:旧社会的一个好人。张季鸾说:旧世纪的一代完人。严修之命在新私学,严修之志在改良中国。严修的新私学有二:一学校也,二学术也。其学校,有严氏、王氏私塾,渐进成南开系列学校;其学术有"三通",通中西之学,通古今之变,通文理之用。袁世凯任直隶总督时,自言其一生之事业,曰练兵,曰兴学。练兵,袁氏自任之;兴学,以严修任之。严修督学直隶,直隶遂执新学之牛

严修

耳;严修执掌学部,学部遂成宪政之楷模。"五四"以后,周恩来出狱,失学失业,严修慷慨解囊,赞助他留学。人言周恩来赤化,严修淡然处之,曰士各有志。1929年3月15日,严修走完人生之路。次日,天津《大公报》总编张季鸾亲写社评悼严修。当时,士辍于学,农辍于野,商辍于市,举殡之日,自发而来悼念者数千人。

从供职京华到督学黔中

严修(1860~1929),字范孙,号梦扶,以"恒斋""毋自欺室"名其书屋。先世浙江慈溪人。清顺治年间,七世祖经商北来,定居天津。1858年,英法联军入侵,举家避居直隶(今河北省)三河县。1860年4月2日,严修就出生在这里。

严修饱读诗书,6岁时从塾师学习,开蒙课本是《龙文鞭影》。7岁习字,8岁作试律。12岁开始参加八股考试,18岁应院试,补廪膳生。这年严修认识了博通西学的陈奉周,从其学习天文、数学,"深获讲贯之益"。23岁应顺天乡试,正考官徐桐对他的经艺卷击节赞赏,中举人,回津后受到直隶总督兼北洋大臣李鸿章接见。次年赴京应会试,中进士,选为翰林院庶吉士。1886年,授翰林院编修,8月正式入京供职。是年冬,补国史馆协修。1889年任会典馆详校官,翌年任直隶省乡试试卷磨勘官。8年宦海生涯,严修正值而立之年,他抱负远大,不仅博览中国文化典籍,而且孜孜不倦地学习西方科学知识。自1880年起,他开始研习天文、算学,披读《数学理》《数理精蕴》《天文启蒙》等书。在京时住在五老胡同,常与人探究自然科学书籍,开阔了眼界,对新学有了初步的体会。

1894年10月,严修随身携带14箱书籍离京赴贵州任学政。路上清军甲午战争失利的消息使他震惊,"嗒然若丧"。严修在学政任上,亲身感受到封建科举的弊端。尤其是《马关条约》签订之后,他深感"厝火积薪,危若燕幕",不变革科举,兴学育才就是一句空话。针对学用脱节、言行不一等"方今士习之弊",颁发劝学告示,提出"敦品励学,讲求实用",并以此作为选科取士的标准。考试时一改旧规,考题力避纤仄,策论重时务,令考生"畅所欲言,无所逊避",并加考算学。优贡、拔贡的考选,他不但要求笔答,还亲自面试,深入乡里察访考生品德。同时,大胆变通贵州学古书院旧法,选拔优秀青年入学。学习课程除经学外,增设格致、算学等西方科技知识和英文,使之成为晚清贵州的第一所近代学校。正如黄炎培《清季各省兴学史》所说:"贵州学政严修将南书院改办经世学堂于贵阳,聘贵州名儒雷廷珍为堂长,调各县优秀生员四十人肄业。讲授以经史、算学为主,同时还教授时务、政要,首开贵州新学风。"据雷廷珍《誓学碑缘起》载:"严太史范孙督学黔中,即创议开设书局,变通书院,兼业中西,延余主讲中学,而西学则自任其难,孤诣苦心,虽不能为外人道,而亲炙者如饮醇醪矣。"

1897年10月,严修将他酝酿多日的《奏请设经济特科折》上奏朝廷,要求清廷仿照康熙、乾隆年间两次举鸿词、一次举经学特科的先例,破常格以搜才,设新科以劝士。经济特科的主要内容是,对"周知天下郡国利病"者,"熟谙中外交涉"者,"堪游历之选"者,"工测绘之长"者,统统量才取用，同于科举正途出身，并且选拔不限数额，通过举荐和考试，只要有真才实学，不论资格出身皆可录用，赴试者经济上有困难的还可给予公费补助。同时规定，"责成内外诸臣搜访保送，弊贤者惩处，荐贤者上赏"。严修这一主张，是自隋开皇七年（587）科举取士以来的一大突破。它打破了通过科举取士的唯一渠道，堪称为学习西方文明和新型人才脱颖而出网开一面。梁启超在《戊戌政变记》中说："贵州学政严修，适抗疏请举特科举，得旨允行。当时八股未废，得此亦是稍新耳目，盖实新政最初之起点也。"

严修在黔三年，兴教育才，清正廉洁。他在任上非但未因官致富，反因替当地购买图书、捐助俸薪而负债 4000 两白银。严修离开贵州时，学生弟子依依不舍，贵州学界为他立"去思碑"和"誓学碑"，称他是"经师兼为人师"，"二百年无此文宗"。

从津门兴学到主持直隶教育

1899 年 4 月，严修卸任贵州学政回京，但因倡设经济特科为顽固派不悦，也因此失欢于他的老师、翰林院掌院学士徐桐，翰林院职务遭免，仅留编修虚衔。严修长才难展，以"请假"为名回到天津。11 月，聘请年轻的退役海军士官张伯苓做家馆教师，以家馆为基地，改革旧式教育，更多地讲授英文、数学和自然科学的基本知识，推进"西学"传播，这在当时是开风气之先的。后来张伯苓还兼任天津著名商人王益孙家馆教师。

1902 年和 1904 年，严修两度赴日本实地考察日学校各学科的教学内容、教育方法、教材建设及教育行政管理。严修在考察中，"见彼邦社会秩序良好，交通发达，实业振兴，而人民工作勤，知识富，即贩夫走卒，于闲暇之时，亦无不人手一报，明悉国家世界大势。叹曰：是非由教育之力不为功"。

日本之行促使严修以更大的热情和精力兴办新式教育。在严馆和王馆的基础上，会同张伯苓筹设南开中学是严修对新教育的一个重大贡献。1904年10月中旬，中学正式开学，张伯苓任监督（校长），这就是南开学校的发端。严修还联合天津有识之士积极推动地方小学教育的发展，在塾学基础上建立了民立第一小学，这是天津正规小学之始。为提高小学教师素质，严修还成立了师范讲习所和教师研究所。北洋女子师范是严修于1905年开始筹划并于次年正式成立的，主要为初等和高等小学堂培养女教员。

1904年4月，严修应直隶总督袁世凯之约出任直隶省学校司（后更名为学务处）督办，负责筹划、主持直隶教育工作。在此任上，严修建树颇多：一是首创劝学所，设立于直隶各州、县，作为地方教育行政机关，采用日本地方教育行政管理办法，订立章程，管理各地教育。二是派定查学人员，分赴各州府考察办学情况。三是规划每府设中学、师范各一所，督促各府积极筹款兴办。四是重视教科书的编写，创办了《学务报》，并选派合适人员编辑中小学教科书，又编纂《国民必读》《民教相安》两书，印行10万册，以为启蒙读物。五是极其重视师资培养，不但从全省选派五六十人去日本学习师范，而且大力推进本土的师范教育，创设了保定初级师范学堂，严修亲任代理监督（校长）。

出任学部侍郎，厘定新式教育宗旨与管理体制

1905年12月，清政府鉴于"各省学堂次第兴办，必须有总汇之区"，决定设立学部，作为统辖全国教育的行政机关。严修前有贵州学政的经历，近有在天津、直隶兴办新学的好名声，受到清政府重视，被任命为学部右侍郎。学部尚书是荣庆，左侍郎是熙英。尚书和侍郎均为政务官。荣庆身兼户部尚书，十多天后又迁协办大学士，熙英不久病故。因此，学部事务，事实上都落在了严修肩上。几个月后，严修任左侍郎。他在中国新式教育的发轫时期，为筹划、管理全国教育作出了开拓性贡献，其尤著者有二。

一是参与起草请颁"教育宗旨"的奏折（《奏请颁布教育宗旨折》）。这对学部来说，是给全国教育定位的根本性工作。这个奏折正式提出了"全国之人，无人不学"的"普及教育"的主张，提出了"尚公""尚武""尚实"，即道德教育、军国民教育、实用教育等内容，认为"中国之大病曰私、曰弱、曰虚。必因其病之所在而拔其根株，作其新机"。为此，具体规定了中小学所修科目，包括修身、国文、算术、格致、图画、手工等。这对改变中国长久沿袭的传统教育模式产生了重要影响。正如后来（1911年）他在致友人信中所说："学部奏定之新章，即五六年前鰦生所持之故见。"

二是着手建立新的教育行政管理体制。1906年，严修主持确立了从中央到地方的一整套教育管理部门和运行机制，学部分为五司十二科，另设视学官、编译图书局、学制调查局等。地方机构方面，各省裁撤学政，设立提学使司，总揽本省

学务，分设六科：总务、专门、普通、实业、文书、会计。严修还参照他在直隶办教育的做法，把"劝学所"形式推向全国，每所视学一人，劝学员若干。同年，学部制定的教育会章程、外国留学章程、留学生考验章程等相继颁行。1907年3月公布女子师范学堂章程。该章程强调"女子教育为国民教育之根基"，"凡学堂教育……须有完全之女学"，明确主张"女子普受教育"。这是中国第一个官定女学章程，为女性享有同等教育权利打开了初步通道。1907~1908年两年里，针对1903年癸卯学制颁布后各级学校同时并举招考学生中出现的偏差，严修等人重行奏定停止高等学堂变通招考办法，修订大学堂章程、视学章程、游学章程等，使全国新制教育纳入正轨。为了适应清政府实行"预备立宪"，严修督率学部丞参司员编制九年立宪教育规划，于1909年4月完稿奏报。是年年初，严修还草拟了全国第一个图书馆章程，要求各省一律开办图书馆，以推广社会教育。

移风易俗，倡导社会文明

严修尝言："欲强国家，先善社会，实不易之序。"留心社会风气教化，倡导社会文明，构成了他作为一个教育家的高尚品格与本色。

第一，关心普及教育，雅好觞咏之会。为了便于开展普及教育，严修对推行语体文和拼音文字非常注意。他认为"文言不可喻俗，俗不遍喻，则教育不能普及"（英敛之所著《敝帚千金》序）。他曾给宋则久所著《白话珠算讲义》作序说："教育之种类，除体育智育而外，实际教育为必要"，处"商战之世，非学此不足以制胜"。1907年他与王幼章合办《醒俗画报》，该报为天津最早的通俗画报。推行国语拼音文字，据吴敬恒《三十五年之音符运动》一文说："第一位实行宣传这官话字母的，是天津严修，他家里人人都练习得很熟。"1920年间，在天津的诗人墨客，群彦毕集、笔兴遄飞。严修于是发起组织城南诗社，同仁"神交无故新"，声应气求，后来陆续加入者达百余人。

第二，树立良好家训，留心风教。1927年，严修手订《家训》八则，强调"全家均习早起""消遣之事宜分损益""少年人宜振作精神""周恤亲友"等。严修还特别注意社会上具有一定资望和影响的人物的表率作用。在1915年11月致书梁启超劝其戒赌时说："先生既不暇救国，宁不当修己？既不及改革政治，宁不欲变易风俗？既不欲造就国民，宁不肯防闲子弟？""岂有智如先生而不能自察？勇如先生而不能自克之理？"可谓情通理透。他还特别注意教育者的为人师表作用，如1914年5月致陈宝泉函中所说："小学教员之责任，其重可知矣！吾津小学教员肯研究者少，且染于习俗，以赌博、冶游为乐者，亦时有所闻。道德堕落，何以表率生徒？精神疲敝，何以勤思职务？为学务委员者，固不应持放任主义，而凡我津人，曾在学界有一日之关系者，均不可不筹挽救之术也。"

第三，反对歧视妇女的世俗观念。严修在《结婚满四十年纪念》诗中说："新吾持论最公平，世上宁唯女慕贞？"[①] 借

[①] 严修自注：吕坤"《呻吟语》卷五：夫礼也，严于女子之守贞而疏于男子之纵欲，亦圣人之偏也"。

明人吕坤（字新吾）的话为妇女鸣不平。所以他自己"平生不履平康里"，"终身耻作狭邪游"。

第四，提倡戒除赌博、吸烟等不良习俗。1910 年，李石曾著《吸烟与经济卫生实业之关系及戒烟之法》。严修大为赞同，特为之作序云："吾国近十年间，风俗习染之骤，有至可惊至可惧者三，即麻雀牌、彩票和纸烟。""惟纸烟一项使人靡然同风而不以为怪，需要大声疾呼，方能逐渐加以戒除。"他并以自身戒烟经验相告勉："忍此数日之小不适，而为吾身去无形之害，为吾家吾乡吾国造无量之福，仁人君子诚何惮而不为耶？"

第五，反对封建迷信和陈规陋俗。早在晚清从政时期，严修就对禳祀、建醮、堪舆、唪经之类诡异荒诞的迷信行为鄙夷视之。他非常赞同纪昀那句"不信僧"的卓论，认为僧道迷信之事不可信。鼎革前后，率先剪辫，提倡女子放足。临终前两个月，婉谢城南诗社同仁为他七十寿辰征诗，并作避寿词："寿言之体，有文无实。言苦者药，言甘者疾。使人谀我，人我两失。便活百年，不做生日。"1927 年，严修自感寿将不永，因预作改订丧礼八则：一人死登报纸告丧，不必致讣；二孝子不必作哀启，如作哀启，但述病状；三不唪经，不树幡竿，不糊冥器，不焚纸钱；四乐但用鼓；五首七日辰刻发引，即日安葬；六发引前一日开吊；七开吊款客不设酒，不茹荤；八不受一切仪物，如以诗文联语相唁者，可书于素纸。

泽被后世，风范长存

严修是中国处于新旧交替的历史巨大变革时期的教育家。他关心国家民族的命运，看到了时代发展的趋势，以毕生精力投入近代教育改革这一宏伟事业中,并成为中国近代教育的先行者。他的主要贡献就在于通过二三十年的不断实践,摸索出了一条具有中国特色和时代特点的中国近代教育改革道路,而这条道路也正是中国近代教育历史进程的一段缩影。严修教育思想与主张深深熔铸于由其创办的保定二师的办学传统之中,并对其办学实践产生了深远影响。

第一,秉承"教育救国"宗旨,办模范师范。严修主张:"欲强中国必须变法维新,而变法维新,则非创办新教育不可。"又说:"方今之势,非自强不能自存,非人才不能自强,非讲学不能育才,尤非尽人皆志朴学不能有成,而济时艰。"表明严修一生办学的主旨是为了中国能够强盛,通过教育人才使陷入危机的中国能够自救。保定二师自建校至今,在办学实践中的一个重要特色就是特别注重爱国主义教育,这与创始人严修的"教育救国"思想的影响是分不开的。严修创办保定初级师范学堂的初衷和理想就是"办一所模范师范",这个思想不但对学校早期的办学规格、基本建设、教学要求、学生来源、师资配备以及学校的社会功能等诸方面有着极为重要的指导作用,而且内化为保定二师办学的目标追求,是保定二师后来成长为"师范之范"的最初思想奠基。

第二,重视师资的配备,致力于校风建设。严修的教育思想和办学理念对保定二师早期专业设置、教学内容和人才培养模式等无不有着重要的指导作用,他主张"讲中学以通经致用,讲西学以强国富民",强调德、智、体、美四育并进,特别注重人格修养和校风建设。一流的师资是办好师范教育的关键,严修十分重视师资的作用并身体力行,"引进西方的科学书籍,并先自学习,再为诸生答疑解惑",自我要求十分严格。在他的影响下,保定二师在不同时期都努力聘请高水平的教师,严格的师资聘任制和"挑剔"的二师学子使得"草包教员不敢来校任教"。

第三,注重学生品德修养,主张青年全面发展。在办学过程中,严修要求学生具有"爱国爱群之公德,与夫服务社会之能力",主张青年除智育外,其他方面也要得到发展。保定初级师范学堂早期设修身课,每周三下午由校长向全校学生"训话",借以"灌输民族意识","增强国家观念"。他特别重视体育和学生的课外活动,对有助于学生提高思想、陶冶性情的社团活动,亦热心给予赞助与支持。正是由于他首开风气,开展丰富多彩的课外活动后来成为保定二师的重要办学特色和培育人才的重要途径之一。

2 刘续曾:初级完全师范学堂的实践者

刘续曾(1876~?),字迓卿,出生于河北省安新县北冯村的一个地主家庭,清光绪二十八年(1902)九月,顺天乡试(秋闱)获第27名,中举人,后赴日本游学师范,回国后到直隶学务处任视学,其间再赴日本考察教育。1907年10月,任保定模范两等小学堂堂长,1910年7月受命筹建直隶第二初级师范学堂,任监督(校长)。1912年9月,学堂改称直隶第二师范学校,刘续曾仍为校长,直至1923年去职,前后执掌校务 13 年,是学校办学历史上任职时间最长的校长。刘任职期间,正值学校恢复和发展阶段,从校园征地到规划建设,从建章立制到学校管理,从设备投入到师资水平都达到了相当的规模和水平。

规划建设新校园

刘续曾上任之初,学校借警务处办学,并借用学堂对面的商业学堂房舍(位于天主教堂西侧)为寄宿舍。同时,开始征地建新校。1911 年 7 月 14 日《大公报》消息称:"第二初级师范学堂落成:省城西关外起盖直隶第二初级师范学堂,其讲室宿舍已落成。该堂现在城内假地开办,日内拟即移到城外云。"新校址位居保定城西门外以南,沿护城河西岸,南北长 500 多米,东西宽 100 多米,略呈长方形。校址北接小路,东、南两面有护城河环绕,西面为西下关街,校门居中面西。校舍规划整齐完备,布局严谨合理。房舍多为坐北朝南,东西成列,排排规整,鳞次栉比。中间有长廊纵贯南北。校园北端居中有大礼堂一座,礼堂的北、东两面环以二层的北斋,礼堂西侧是篮球、网球场。礼堂向南依次为单身教员居室、办公室、图书馆、学生教室、实验室,再向南是南斋,共有五排学生宿舍和自修室。南斋东侧有学生盥洗室、浴室、养病室。南斋西南面是音乐教室和学生伙房,南斋东南面是学生餐厅。餐厅以南是大操场。最南端是花园和荷花池。校舍的全部房屋均为青瓦灰砖红柱,房屋前后有游廊环绕连接,各室窗明几净,宽敞明亮。各个院落果树扶疏,花草繁茂,整个校园俨然一座美丽的古典园林。新校舍为办学提供了优良的硬件设施和优雅的教学环境,为学校此后近百年的发展奠定了基础。

建章立制严治校

刘续曾一向以治校严格著称,对学生的日常行为和思想品行要求甚高。当时学校设两个学监,南北斋各一个,学生的思想、卫生、纪律等均由学监负责。对打架、骂人和有偷盗行为的学生一律予以开除,新入学者则勒令退学。学校规定学生每周一至周五不能出校,有事外出需向学监请假并领取出入证,周六、周日方可自由外出。除周六晚无自习外,其余每天均有晚自习。此外,对学生的衣着、发饰甚至行为容止均有严格要求。一位校友回忆说:一天上午,下课后往斋舍走,我踩了游廊柱下的横木(相当于门槛)。"你回来!"校长把我叫到一边说:"《论语》的《乡党》篇学过了吗?"我说:"学过了。""你讲讲'立不中门,行不履阈'。"我立正讲过后,他说:"你讲得不错,可没按孔夫子的教导去做,你要躬行呀!"校园里蜿蜒相连的游廊,总是耀眼锃亮;角角落落,无处不整齐洁净。

养成自立的能力

刘续曾十分重视学生自立和自理能力的培养。学校南端和护城河东侧有菜园,由学生种植各种蔬菜,并提护城河水浇灌;靠城根建有三个猪圈,养了十几头猪;学校500多人夏秋吃青菜,春冬吃咸菜,节假日改善生活,全靠自力更生。省下经费美化校园,购置设备。学校设有手工课,教学用品自己能制作的绝不外购。学生起居饮食,均不靠校工伺候,而由个人亲自为之，以期培养吃苦耐劳之精神，为将来从教打好基础。由于治学严谨，当时学校教学质量很高，早在1914年教育部视察直隶学务总报告中就提到"管理教授，尤以第二师范为优"，学校毕业生很受欢迎。20世纪二三十年代，河北省各州县高级小学教师，多由直隶第二师范学校毕业生担任；北平的小学教师中，直隶第二师范学校毕业生几乎达到半数。

作为二师历史上任职时间最长的校长，刘续曾对学校建设和发展发挥了重要作用，作出了巨大贡献。1935年《河北月刊》第三期记述："本校规模，以第一任校长刘迂卿任时最久，建树最多。计其任内，购买校址六十三亩，前后建筑校舍四百余间。"但是，刘续曾是科举出身，封建宗法思想比较严重，在他任职后期，对"五四"新思潮不理解，抵制新文化运动，禁锢学生思想，压制学生的进步活动，从而遭到学生的反对，最终引发学生的"驱刘"斗争。1923年2月，直隶省教育厅以外出考察教育的名义将刘续曾调离直隶第二师范学校。

3 张敬虞：开明包容的新式校长

张敬虞（1893~?），字见庵，河北武邑人。曾留学美国，获哥伦比亚大学师范学院教育硕士学位。回国后，在北京高等师范学校（北京师范大学前身）教育研究科教授教育学。1923年2月13日，直隶省教育厅第109号训令委任张敬虞为直隶第二师范学校校长。

张敬虞在留美期间，由于受到西方文化的影响，推崇"民主""平等""博爱"的思想，并且吸取了刘续曾被逐的教训，一到校就对学校各方面进行了革新。

一是上任不久即聘请了一些思想进步、学术水平较高的专家学者到校任教或兼课，如著名学者黎锦熙、潘梓年，共产党员王岑伯等；还聘请了美国人马尔智到校任教。

二是提倡思想自由、学术自由。他主张打破封建文化专制主义的束缚，允许教师向学生讲授托尔斯泰、高尔基等著名文学家的作品和介绍马克思、恩格斯的共产主义学说。

三是废除学监，由训育处主管学生的日常生活、思想、纪律和卫生，采取开放宽松的管理方式。他增加了学生的课外活动时间，允许学生自由阅读进步的课外书籍。一些学生开始有意识地阅读进步书刊、报纸，如《马克思经济学说》《马克思资本论入门》《唯物史观解说》《社会主义史》《共产党宣言》《国家与革命》《新青年》《每周评论》《向导》《少年中国》《晨报》《语丝》《独秀文存》等，并从中接受了马克思主义革命理论和共产主义思想。

四是允许学生成立自治会（学生会）、社会科学研究会、读书会等组织，并将其视为学校的合法组织。经常举办讲演会，请京津一带名人来校演讲，借以影响同学们的思想发展。自由开放的校园环境，客观上为二师党组织的建立创造了条件。张敬虞任职期间，校内党团组织发展很快。1923年，学校有了中共党员和中国社会主义青年团团员，并成立了团支部。1924年，中共二师党小组建立，当时学生中的共产党员有17人。1925年春,中共二师党支部成立,当时学生中的共产党员发展到30余人。

张敬虞推行的这些民主自治的管理措施,相对于封建专制和封闭式管理,无疑是一种进步,受到学生的欢迎。在其任校长期间,直隶第二师范学校社会声誉很高,当时每次报考的学生达三四千人之多,是历史最高额,但录取的只有四五十人。

1926年1月,由于省教育厅的派系斗争,张敬虞被撤去校长一职。1929年7月,张敬虞任北平特别市政府教育局局长;1930年11月至1931年12月,任河北省政府委员兼教育厅厅长;后任教于私立民国学院教育系、北京师范学院等,并曾担任《晨报》主笔、《河北日报》社长等职。

4 黎锦熙:著名语言文字学家

黎锦熙(1890~1978),字劭西,湖南湘潭人。著名语言文字学家、词典编纂家、文字改革家、教育家、办报人、社会活动家。曾任北京师范大学教授、文学院院长、教务长、校长。1949年,与吴玉章、马叙伦等组织中国文字改革协会,任理事会副主席。1955年被聘为中国科学院哲学社会科学部委员。

一心向学,立志救国

1890年2月,黎锦熙出生于湖南省湘潭县的一个书香之家。其父黎培銮为乡里"名士",擅长诗画、篆刻,曾与齐白石等人合组"龙山诗社"。黎锦熙自幼喜爱书文,4岁开蒙,9岁读《海国图志》和《瀛寰志略》,眼界为之开阔。11岁读完《十三经》。12岁开始写日记,一直坚持到病逝前。16岁应县试、入学为秀才。1906年受中国同盟会领导的湘赣萍浏醴起义影响,在长沙与张平子发起"德育会",以王阳明

黎锦熙

的"致良知"为宗旨,主张"牺牲个人,努力救国"。1907年,在实业救国思潮鼓舞下考入北京铁道专科学堂学习。不久,学校因遭大火停办,转入武昌的湖北铁道学堂。后以秀才资格考入湖南优级师范史地部。1911年夏,以全校第一的成绩毕业。

辛亥革命后,黎锦熙的老师颜昌峣接办《长沙日报》,黎被聘为主编,后因宣传民主政治《长沙日报》被迫停刊。1912年4月,与友人创办《湖南公报》并踊跃撰稿,几乎每日写社论一篇、时评一则。次年,黎锦熙应湖南省立编译局之聘,负责编辑小学教科书,把《西游记》里的章节选为课文,包含了改革教育、废除八股文、学作语体文的思想,引起保守人士的惊骇,轰动了教育界。接着他出版了《教育学讲义》,提倡普及教育。同年,任湖南省立第四师范学校历史教员。当时,毛泽东在该校预科班学习,师生之间常有信件来往。1914年,"四师"

与"一师"合并,改称湖南省立第一师范学校。黎锦熙与杨怀中、徐特立等创办"宏文图书编译社",介绍欧美新书,编辑中小学教材。同时创办《公言》杂志,宗旨是主持公正、议论国事。但《公言》仅出了两期就被迫停刊。后来他们又在李氏芋园办了一个哲学研究小组,杨怀中为指导,经常讨论一些哲学问题。学生中毛泽东、蔡和森等人也常来参加他们的讨论活动。

革新语文,开路前驱

1915年,黎锦熙应教育部之聘,到北京任教科书特约编纂员。从此以语文教学和研究为毕生事业恒60余年,语言文字学方面的成果,计论文300多篇,专著30余部。他在文字改革、现代汉语语法研究和辞典编纂方面,作出了极其卓越的贡献。

黎锦熙是挑战"白话文学有文无法"的观点,创建现代新语文的第一人。20世纪初到20世纪二三十年代,是中国文化重要的转型期,废除文言文提倡白话文是这一转型最重要的标志。特别是以鲁迅为代表的新文学作家,创作了如《狂人日记》等一大批成功的白话文学作品,显示了新文学的生命力。但有人认为,白话文"只有新文学而无新文法",有"文"无"法"则终无以为"文"。为反击这种谬论,1920年,黎锦熙与同仁在北京开办了第一届国语讲习所,并在北京师范大学的前身北京高等师范学校国文系及女高师等校首次开设国语文学课程。他用大量例证阐明白话文不仅有"法",而且这个"法"十分缜密,足以指导为文。这就是非常有名的《新著国语文法》。这部著作借鉴英语语法发掘汉语的特点,第一次科学系统地揭示了白话文的语言规律，是我国第一部完整的、具有自己独特体系的、将传统语法体系应用于现代汉语的专门著作，至1959年连续再版24次之多。

黎锦熙是"国语运动"的初创者、提倡者和重要领导者。1916年"中华国语研究会"成立，他为该会拟定的宗旨是：第一，"国语统一，我国地域广大，人口众多，方言复杂，需要进行国语的统一，即规定标准语"。第二，"言文一致，即普及白话文"。1920年，他促成教育部改定小学的"国文科"为"国语科"，以白话文取代文言文，废除小学"读经"。随后，初中、高中的"国文"也改为"国语"。他还与钱玄同创办了《国语周刊》。黎锦熙对祖国神圣领土台湾省的国语运动的关怀和贡献，更是功不可没。他认为台湾沦陷于日本50多年，第二次世界大战结束后，台湾一定能够光复。台湾的方言极为复杂，再加上日本文化的影响，因此台湾最需要开展国语统一运动。1944年5月，因时在西北地区任教的黎锦熙先生的倡议与推动，西北师院（兰州）、女子师院（白沙）、社会教育学院（璧山）创办了国语专修科，为在台湾推行国语预先培训人才。抗战胜利后，100多位受过严格训练的学者前往台湾推行国语，对台湾的国语普及起了巨大作用。由此也可看出黎锦熙对祖国统一的热忱和远见卓识。

黎锦熙是文字改革和编纂《国语辞典》的倡导者和力行者。早在1917年他向教育部提出的《国语研究调查之进行计划书》内就有"《国语辞典》之编订"一项，以填补群众阅读白话文学作品遇到难解之词无书可查的空白。1923年促使"国语统一筹备会"设立了"《国语辞典》编纂处"。1928年他领导的"《国语辞典》编纂处"改名为"《中国大辞典》编纂处",下设搜集、调查、整理、编著、统计五个部。计划到1948年成书三大册,共30卷,却由于经费不足、战乱频仍而未能成书,令人扼腕!尽管如此,"《中国大辞典》编纂处"在黎锦熙的领导下,还是先后编辑出版了《国语词典》《增注国音常用字汇》《新部首国音字典》等多部工具书。为了还文化于民众,推进中国的文字改革,黎锦熙在1922年与钱玄同、杨树达等提出了"减省现行汉字的笔画案"。1926年公布的由黎锦熙、钱玄同、赵元任等制定的《国语罗马字拼音方式》是现行《汉语拼音方案》的奠基工作之一。1949年,北京刚解放,毛泽东主席就指定黎锦熙、吴玉章、马叙伦、范文澜、成仿吾、郭沫若、沈雁冰七人组成"中国文字改革协会",这就是中国文字改革委员会的前身。1958年,周恩来总理在《当前文字改革的任务》的报告里说:"钱玄同、黎锦熙、赵元任等人制定'国语罗马字'的功劳是不能不承认的。"

任教二师,文泽永志

1920年,黎锦熙开始担任北京高等师范学校国文系教授,并兼任全国小学、中学白话文语法讲习所讲师及天津、保定、武昌、安庆、济南各讲习会语法讲师。1922年,再兼任天津、济南、上海、长沙暑期国语讲习所讲师,倾注极大心血推广国语,培养国语人才。1923年春,黎锦熙受聘到直隶第二师范学校任教。

据曾任浙江省委第一书记的保定二师校友铁瑛回忆：1975年，毛泽东主席在问到他读书的学校时，称赞保定二师是"好学校"。毛泽东主席何以对保定二师有如此明确而清晰的印象呢？现在没有发现其他确切的史料记载，但我们可以从毛泽东与保定二师诸多可能的交集中找到一些线索。其一，河北省各设区市中与毛泽东发生关联最早的是保定市。1918年，毛泽东送湖南新民学会会员入保定留法勤工俭学预备班，"环保定府城走了一圈"，并游览了古莲花池。当时的保定二师与育德中学、古莲花池紧邻，又与毛泽东就读的湖南一师同属师范教育名校，自应引起毛泽东的关注。其二，保定二师诸多校友王鹤寿、杨士杰、边疆、丁浩川、解学海等都和铁瑛一样与毛泽东有过交往，有的还相当亲密。例如：1942年5月，丁浩川应毛泽东、凯丰之邀参加延安文艺座谈会，听了毛泽东在座谈会上的引言和结论报告，并参加了讨论，与毛泽东合影留念。王鹤寿自1952年直至1964年间与毛泽东均有诸多接触。1958年在天津，毛泽东在由他召集的一次座谈会上，指着参加座谈会的唐县县委第一书记王桂冀对陪同视察的冶金部部长王鹤寿说：他也是唐县人，和你是老乡。此外，新中国成立后与毛泽东交往密切的中国工运领导人刘宁一，虽然不是保定二师的毕业生，但他却是在满城县高小上学时接受保定二师毕业教师的进步思想走上革命道路的。其三，曾受聘保定二师任教的黎锦熙先生，作为毛泽东在湖南一师的老师和挚友，也是毛泽东了解保定二师的可能渠道。

5 李苦禅：杰出的书画家、美术教育家

李苦禅（1899~1983），原名英杰，后改名英，号励公。山东省高唐县人。我国当代杰出的大写意花鸟画家、书法家、美术教育家。历任杭州国立艺专国画教授、京华美专国画系和华北学院美术系教授、北平国立艺专国画教授、中央美院民族美术研究所研究员、中国美术家协会理事、中国画研究院院务委员。1925年，受聘直隶第二师范学校任美术教师。

李苦禅

出身贫寒，艰辛求学

1899年1月，李苦禅出生于山东省高唐县李奇庄的一个贫苦的农民家庭，取名英杰，字超三。少年时，在民间艺人的影响下，走上了艰苦的艺术道路。1916年，入山东聊城省立二中，从国画家孙占群习画，首先学画荷花。

1919年李苦禅以聊城二中学生代表身份到北京，参加了"五四""六三"爱国运动，入北京大学附设的"勤工俭学会"（又名法文专修馆），半工半读坚持学习。同时，又在北京大学附设的"业余画法研究会"向徐悲鸿先生学习素描与西画。

1920年入北京大学中文系旁听，攻读中文。1922年转到北京国立艺专西画系学习。1923年，拜齐白石门下，成为齐门第一名弟子。这期间，因经济拮据，靠拉洋车维持生计。为此，同学林一卢赠他"苦禅"二字为名。"苦"取自佛门"四谛"之第一字，"禅"指他擅长作大写意画（古称写意画为禅宗画）。一天，李苦禅拉车到王府井大街兜揽生意，恰遇齐白石和几位朋友从店里出来。李苦禅神色慌张地拉车躲开，但听得身后传来齐白石的喊声："苦禅，还不过来，送我回家。"途中，齐白石问他："苦禅，你经济困难怎么不告诉老师呀？"他回答："我对不起老师，给老师丢脸了。"齐白石说："靠劳动吃饭是不丢脸的，是正当的。"为了帮助李苦禅学画，齐白石腾出一间厢房让李居住，并挑选了李的一些画，亲笔题款后送去画店卖掉，资助他学画。在齐白石的关心下，李苦禅终于摆脱了困境，学画有成，成为一代名家。

教书育人，爱国第一

1925年，李苦禅于北京国立艺专毕业，任北京师范学校和直隶第二师范学校教师。1930年应林风眠之聘，赴杭州艺专任国画教授，与潘天寿、奥古斯特·罗丹的弟子卡姆斯基同事。他将西方雕刻、绘画的方法与精神融入国画教学，并率先将京戏作为"传统美学与文化艺术之综合"引进美术教学之中，亲自授课，现身说法。李苦禅认为：单一的画画是小道，比画画更高的还有书法，书法之上有诗文，再上一层是音乐，最高层次是先哲揭示的大道。对此，当年《晨报》曾经评述说："年来北方艺坛上创造派的先锋，异帜独标，要算这位大名鼎鼎的李苦禅先生。"

1934年，李苦禅回北京执教。1935年，参加"一二·九"爱国游行示威运动。1937年，北平沦陷，伪"新民会"企图拉拢李苦禅等社会名流为他们做事，被李苦禅断然拒绝。此后，李苦禅辞去日伪学校教职，靠卖画为生，短期在私立美术学校教中国画。这期间，李苦禅由学生黄齐南介绍，以画家身份为掩护参与中国共产党领导的地下抗日活动。1939年5月14日，被日本宪兵逮捕入狱，刑讯月余，始终不屈。出狱后拒不接受伪职，改换方式继续援助爱国活动。李苦禅的这些行动，实践了他一生力倡的"必先有人格方有画格""所谓人格，爱国第一"的誓言。

1945年抗战胜利后，徐悲鸿北上接收国立北平艺专，聘李苦禅为国画教授。由于他在抗战时的英勇表现，被文化艺术界推选为首届"中国美术作家协会"常任理事。1949年，李苦禅与何思源、徐悲鸿等文化界人士合力斡旋，呼吁和平解决北平战事，以保全古都文化遗迹。

李苦禅常言："字画如其人，艺术乃人品之体现，人无品格，行之不远，画无品格，下笔无方。"李苦禅一生从事美术创作和美术教育60余载，始终坦诚直率，一身铁骨铮铮，正气浩然。

执艺不辍，蜚声艺坛

1920~1930年间，李苦禅站在艺术革新的一面，走在时代的前列。李苦禅继承了中国画的传统，吸取石涛、八大山人、扬州画派、吴昌硕、齐白石等人的技法，其花鸟大写意绘画气势磅礴、风格鲜明，树立了大写意花鸟画的新风范。李苦禅的画幅越大越能自由挥洒，尤其晚年作品，更是达到了"笔简意丰"的艺术境界。

李苦禅推崇"书至画为高度，画至书为极则"。他的书法与绘画互为表里，相得益彰。李苦禅从青年时代至去世前六小时，除生病与蒙受灾难外，几乎从未停止练习书法。李苦禅说："不懂书法艺术，不练书法，就不懂大写意和写意美学。"李苦禅基于数十年觅碑访帖自成一家的行草艺术，兼具朴雅、浑厚、风神、婉转的风姿。

李苦禅的艺术成就，得到了极高的赞誉。齐白石说："苦禅学吾不似吾"，"英也过我"。徐悲鸿题李苦禅的画道："天趣洋溢，活色生香。"剧作家曹禺评价说："李苦禅仿佛是一个传奇式的人物。人生短促，艺术长存。这并不是说任何艺术，而是人民所肯定的艺术。李苦禅的画就是这样的艺术。"

6 潘梓年：马克思主义哲学家、"中共第一报人"

潘梓年（1893～1972），又名宰木、定思，江苏宜兴人。著名哲学家、逻辑学家，杰出报人。创办《新华日报》，并被毛泽东任命为第一任社长，因此被称为"中共第一报人"。历任"左翼文化总同盟"书记、中央城市工作部研究室主任、武汉军管会文教部部长、中南军政委员会文委副主任兼教育部部长、中南行政委员会文委副主任兼高教局局长、中国科学院哲学社会科学部（中国社会科学院的前身）学部委员和学部

副主任、学部分党组书记、哲学研究所所长等职。"文革"中受迫害入狱。1972年4月10日在秦城监狱病逝，终年79岁。1923年，受聘任教于直隶第二师范学校。

投身革命

1893年1月，潘梓年出生在江苏省宜若县陆平镇的一个书香门第之家。自幼刻苦读书，早年毕业于苏州龙门师范，后在无锡东林小学任教。1920年考入北京大学哲学系，攻读哲学、逻辑学和新文学。在北大三年，他经常阅读《新青年》《新潮》等进步刊物，受到马克思主义的熏陶。1923年到保定，受聘在保定育德中学和直隶第二师范学校任教。1926年初夏，由北京奔赴广州参加北伐，因中途生病作罢。1927年初折回上海不久，蒋介石发动"四一二"反革命政变，当此危急关头，潘梓年毅然加入了中国共产党。

1927年9月，潘梓年在北新书局主编《北新》《洪流》等进步刊物和中共江苏省委主办的《真话报》。1929年6月，出任中共中央宣传部文化工作委员会第一任书记，成了当时中共革命文化运动的最高领导人。同时他还于1930年秋兼任中共中央主办的《红旗日报》上海地区总采访。1930年任社会科学家联盟的负责人，后调任左翼文化总同盟书记兼文化工作委员会的领导人。1932年春，主持了丁玲、田汉等人的入党仪式。

1933年5月14日，潘梓年在上海被捕。敌人劝降遭拒，对他滥施酷刑，他始终坚贞不屈，最后被判处无期徒刑。1934年，第五次反"围剿"失败，红军被迫长征，消息传入监狱，潘梓年仍保持坚定信念，写了一首《咏雪》诗："一片一片又一片，飞上河山皆不见。前消后继更凶猛，终把河山全改变。"在狱中，他笔耕不辍，一方面创办了"黑屋诗社"，出《诗刊》，鼓励狱友；另一方面，呕心沥血，完成了长篇哲学专著《逻辑和逻辑学》，翻译了柏格森的《时间和自由意志》等书，著译达上百万字。1937年6月，经中共中央营救出狱。

办报奇迹

1937年12月，潘梓年根据党的指示以社长身份赴南京筹办《新华日报》，与章汉夫、华岗等先后在南京、武汉四处奔走，冲破国民党当局的重重阻挠，终使《新华日报》于1938年1月在武汉创刊。1938年10月25日，武汉沦陷，报社迁至重庆。

在潘梓年的领导下，《新华日报》同仁克服战时物资缺乏和恶劣政治环境等不利条件，把它办成了我党飘扬在国统区内一面团结抗日的旗帜，形成了独具特色的报道风格，把共产党抗日救国，反对内战、独裁的政治观点及时传播给国统区广大人民，团结和争取了一大批民主人士和普通群众，扩大了党的群众基础和政治影响。潘梓年还创新了党报管理方法，提出"编得好、出得早、销得多"的九字口号，钻研技术，改进工艺，自办纸厂，提高了编印质量。同样用的是土纸，《新华日报》的印字就比别家报纸的清晰。"七君子"之一的李公朴专门写诗赞颂过《新华日报》的这一"奇迹",很多群众把这一"奇迹"与国民党的腐败无能对比,说共产党办什么都要比国民党高明。

在繁忙的公务中,潘梓年还挤出时间,以哲学家特有的智慧和远见写下了许多发人深省的文章,仅在《新华日报》刊载的署名文章就达80多篇,如《抗战的现阶段》《投降主义及其各种表现》《自力更生与争取外援》《战时图书杂志审查问题》《民众变动问题商榷》等,在《群众》周刊和其他报刊发表的文章更难以计数。

在《新华日报》由创办到被迫停办的9年多时间里,潘梓年一直是报社的主要领导人,为办好报纸付出了大量心血。

教育建树

潘梓年早年毕业于师范学校,曾任小学、中学教员。1928年8月,他受聘担任上海艺术大学教授,其间参加了郭沫若领导的"创造社"。在上海艺术大学,他主讲哲学、逻辑学和印度社会史3门课程,相继发表学术论文15篇。1929年,在中共中央的支持下,他负责创办了华南大学,并担任该校教务长,延聘鲁迅、郭沫若等进步教授到校任教,在教育界树起了一面红旗。

1947年,潘梓年到延安,调任党中央城市工作部研究室主任。1948年12月1日,他被中共中央调往开封国立河南大学担任教授和中原大学校长。中原大学在潘梓年的主持下,9个月共培养干部学员5000人,分批南下,为支援全国解放战争的全面胜利作出了重要的贡献。

1949年5月，潘梓年随人民解放军南下武汉，任武汉市军事管制委员会文教接管部部长，在短期内完成城市的文化教育、新闻出版的接管工作。中南军政委员会成立后，潘梓年任文教委员会副主任、教育部部长，领导中南六省学校接管工作，正确贯彻了党的知识分子政策。

哲学贡献

1954年，潘梓年被调至中国科学院筹建社会科学部和哲学研究所，任中国科学院哲学社会科学部副主任，兼哲学研究所所长。在此期间，潘梓年负责创立了新中国最高哲学研究机构——哲学研究所。为推动中国哲学研究事业和团结全国哲学工作者，潘梓年创办了新中国哲学最高权威刊物——《哲学研究》。该刊编辑委员会会聚了全国最著名的哲学家李达、艾思奇、杨献珍、周建人、胡绳、于光远、冯定、冯友兰、金岳霖、汤用彤、郑昕等17人，实际上成为当时中国哲学界的学术领导核心，潘梓年为编委会召集人。

作为著名哲学家和逻辑学家，潘梓年最有影响的开创性学术贡献是1937年出版的《逻辑与逻辑学》著作，其中提出了独创性逻辑学观点，即认为逻辑的体系可分为方法论与技术论两部分。方法论的基本内容是辩证法，即辩证逻辑；技术论的内容是形式逻辑，称为逻辑术。这种观点引起学术界的广泛注意与争论。毛泽东在延安收到潘梓年寄去的这本书后，用几天时间读完，在"读书日记"中称赞"颇为新鲜"。为促进逻辑讨论，毛泽东曾于1959年建议编印逻辑论文集和选印逻辑专著,中央政研室逻辑组负责挑选逻辑学专著,以"逻辑丛刊"为总名称由三联书店出版。《逻辑与逻辑学》入选,于1961年印出。毛泽东一直保存着这个重印本。此外,潘梓年还著有《文学概论》《辩证法是哲学的核心》等,翻译西方名著多部,报刊文字收入《潘梓年文集》。

7 李英儒:狼窝虎穴战敌寇 野火春风斗古城

李英儒(1914~1989),现代作家,笔名黎莺、李家侨。河北保定清苑县人。1935年参加中国共产党领导的抗日民族先锋队组织。历任报社记者、编辑、主任,晋察冀军区政治部敌工科长,中国人民解放军总后勤部文化部部长,中国人民志愿军总后勤部政治部主任,总政创作室专业创作员兼创作组长,八一电影制片厂顾问,中国作协第四届理事,文化部电影委员会委员。依其自身革命经历创作的长篇小说《野火春风斗古城》,生动地描写了抗战时期我党地下工作者在保定地区的战斗生活,后被译成英、日、俄、保、朝等十多种文字,并被改编为电影、话剧和多种地方戏剧。1943年1月,受冀中区党委和冀中九地委敌

李英儒

工部派遣，打入日伪占据的河北省府保定从事内线（地下）工作，以保定二师国文教员身份作掩护开展工作，长达一年有余，发展了一批进步学生，直至1944年夏撤出保定。

机智勇敢的地下党员

李英儒幼年丧父，家境贫困。童年的他为了分担家庭生活的重担，也背起小筐去割草、拾柴。20世纪30年代初，在保定志存中学读书，利用节假日，为学校看护图书馆，挣一点钱作为学费和伙食费的补充。在此期间，他读了《共产党宣言》等革命书籍，接受了革命思想，参加了学生运动，同时也开始了文学创作。1937年由于学习成绩优异参加了全国联考，取得了河北省会考的第一名，被保送到北平燕京大学（今北京大学）。但是"七七"事变彻底粉碎了他的读书梦，他毅然投笔从戎，受党组织委派，在家乡组织抗日武装——晋察冀军区北上抗日先遣支队独立团，被任命为团长，从此在大清河及易县、涞水一带坚持游击战争，同时主编《火星报》，边打仗边写一些文艺作品。

1938年11月至1939年4月，受党组织委派，李英儒到保定城开展地下工作，在敌人内部搜集情报，不久任保定地下工作站站长和党总支书记。在狼窝虎穴，为了站稳脚跟，每月少得可怜的薪水他仅留下最低的生活费用，其余全部奉送给伪省政府经理科长。小说《野火春风斗古城》中的汉奸李歪鼻就是以那位伪经理科长为原型的。

1943年1月，冀中区党委和冀中九地委敌工部派遣李英儒再次打进保定城，指示他把内线工作的重点转移到对伪军的争取教育和瓦解工作上,以此配合党的军事斗争。李英儒以保定二师国文教员身份为掩护进行地下工作。他首先与保定城内的地下党组织取得联系,并在二师建立了地下党支部,到1944年,该支部已发展23名地下党员,其中包括李英儒在保定二师任会计的外甥王文儒。

1947年10月,按照晋察冀军区司令员聂荣臻的部署,华北野战军两个旅围攻徐水城的国民党军,并将由石家庄北进增援的国民党第三军歼灭于保南之清风店。李英儒在这场激烈的打援战斗中主要是做情报工作。1948年11月,平津战役开始之后,中共晋察冀中央分局秘书长、城市工作委员会书记和城工部部长刘仁同志急调李英儒到京郊十渡,共同研究策反傅作义。李英儒潜入北平城,组织和安排了若干次与傅作义接触的地下工作。

辛勤耕耘的革命作家

新中国成立后,李英儒从事部队文化工作,出版了第一部长篇小说《战斗在滹沱河上》,中央人民广播电台曾全文播放,该小说被誉为新中国初期优秀长篇之一。1958年又出版了长篇小说《野火春风斗古城》,更被誉为当代文坛名著。毛泽东主席在观看了根据小说改编的同名电影后曾说:"这个电影编得很好,既革命,又浪漫。"

《野火春风斗古城》描写的故事发生在1945年的夏末。曾经猖狂一时的日本侵略军已经成了秋后的蚂蚱,但军国主义分子却不甘心失败,丧心病狂地准备使用细菌武器。以杨晓冬为首的地下党员及革命群众在古城保定与敌人展开了一场斗智斗勇、惊心动魄的战斗。李英儒在《野火春风斗古城》的序中写道:"被党派往敌占区做地下工作的同志……为了党的事业,为了革命的胜利,他们毫不计较个人得失,随时准备付出自己的一切……那里没有硝烟,那里是智慧的较量,那里是生死考验的另一种方式,这就是地下斗争。"书中所描写的故事,便是李英儒自己及家人和战友们的地下工作经历。

李英儒的女儿李小龙对那场父辈们亲历的战争有着自己的诠释和理解,她说:"1995年,我重新对《野火春风斗古城》进行了电视剧改编。说动因,最主要的就是父亲的战斗精神鼓舞着我,那场民族战争中的爱国精神激励着我。父亲的身影在杨晓冬(小说中的男主人公)身上闪耀,母亲与银环(小说中的女主人公)融在一起。虽然我的父母亲从未承认过自己就是小说的主人公,但是在这个圈子里,人们早就习惯于这样称呼我的父母亲了。""小说中杨母的原型就是我奶奶,这一点我父亲是认可的。他回忆说,我的奶奶是在为儿子提心吊胆中成长起来的,为了儿子,为了家园,她开始掩护地下工作者,开始了地下工作,这一点与小说中的杨母是一样的。而父亲对奶奶一直有一种感激和愧疚。所以父亲以奶奶为模本把一位有血有肉的抗日老妈妈写成了。"李小龙谈起自己的奶奶时眼含泪花。

李英儒的夫人张淑文,13岁即为儿童团长,16岁就加入了中国共产党。当时她正在争取到根据地去学习,却为了掩护李英儒,服从组织分配,进城当了地下交通员。她主要搞军事情报,并一次次随身携带情报出入有日本人站岗的城门,历经风险,因而被圈里人称为"银环"。张淑文在抗战胜利60周年的时候获得了中共中央、国务院、中央军委颁发的抗日战争胜利60周年纪念章。

"文革"中,李英儒含冤入狱,被囚禁在秦城监狱达八年之久,其探监号为7003号,也就是1970年入监的第三号犯人。身心的折磨让他想到了死,但血雨腥风的革命经历重新激起了他生的希望。一个傍晚,他偶然抬头仰望,只见牢房小窗外有弯月当空,一时月牙又被乌云遮住。低头翻开报纸,忽然发现此日正是端阳节,于是他作诗自勉:"碧空乌云吞月光,骤忆今夜是端阳。人生有路须前进,大夫何必跳楚江。"他开始在狱中构思一部反映冀中抗战内容的长篇小说——《女游击队长》。

"文革"结束后,李英儒调任八一电影制片厂顾问,参加《八一电影》的创刊工作并兼任主编。这一时期,他创作的长篇小说《还我河山》《上一代人》《燕赵群雄》《虎穴伉俪》《女儿家》《魂断秦城》等,出版了《李英儒短篇小说集》。

李英儒是一位坚强的革命者,又是中国现代著名作家、保定作家群中的佼佼者。他创作的大量优秀文艺作品,教育和影响了整整一代人。

8 唐澍:中国共产党早期革命军事家

唐澍(1903~1928),河北省徐水县人,中国共产党早期革命军事家,清涧起义、渭华起义主要领导人之一。历任省港罢工委员会工人纠察队总教练兼模范大队大队长,中共陕西省委

三 名师璀璨 英才辈出

军委委员，西北工农革命军总指挥等职务。1922年考入直隶第二师范学校。

追求真理，投身革命

唐澍，字东园，乳名唐佳林。1903年出生于河北省易县南贾庄（今属徐水县）一个清贫的书香之家。祖父唐湘云是前清秀才，后家道中落。唐澍幼入私塾，后到距离本村十多里的东邵村上高级小学，读书刻苦，每次考试都独占鳌头，受到具有进步思想的校长吴伯卿先生的喜爱和器重，毕业后留校任教。后来家乡办起朝阳初级小学，便回乡任教。这所学校有四五十名学生，分四个年级，他一人承担全部课程，微薄的薪水是家庭的主要经济来源。就是在这样的情况下，唐澍仍然不放弃学习。他在自己旧书箱盖子的内面写下了"学如逆水行舟，不进则退；心似平原野马，易放难收"的警句以自勉。

唐澍

1922年夏，唐澍考取了享受公费的直隶第二师范学校。唐澍学习勤奋，在进步教师张湛明等人的影响下，阅读李大钊所著《唯物史观》《史学概论》以及马列主义通俗读物《共产主义ABC》等，初步接受了革命思想，在驱逐校长刘续曾的罢课斗争中被推举为学生代表，到天津向直隶督军王丞斌请愿。王丞斌慑于学生的义愤和社会舆论，被迫撤销了刘续曾的校长职务。斗争虽然胜利了,但唐澍却被开除,被迫辍学。

1924年初,唐澍在二师进步师生以及启蒙老师吴伯卿先生的资助下,准备入上海大学学习,到上海后得知广州创建了黄埔陆军军官学校,遂转赴广州投考。1924年初夏,唐澍考入黄埔军校首期步兵科,与左权、王尔琢、徐向前、陈赓等是同期同科同学。是年冬加入中国共产党。在校期间,他接受了严格的军事训练,如饥似渴地学习军事知识和革命理论,于1925年3月以优异成绩毕业并留校工作。在此期间,他曾在第三届广州农民运动讲习所兼任军事教官。1925年2月和10月,与黄埔军校学生军一起两次参加东征,他在战场上不怕牺牲,冲锋陷阵,灵活机动,表现出很高的军事素质。

1925年秋,中共广东区委调唐澍任省港罢工委员会工人纠察队总教练,后又兼任模范大队大队长。在省港罢工封锁港澳期间,他率纠察队多次与英帝国主义支持的反动武装进行战斗。1926年5月,唐澍发表《国民革命的真实基础:工农商学大联合》一文,指出:在半殖民地的中国,"帝国主义者与军阀"是我们"共同的敌人","中国的国民革命,不只是为一个阶级谋利益,是为工农商学等共同的幸福。同时,这个国民革命,不是那一个阶级单独可以成功的,却是需要一个革命民众工农商学的团结"。

能文能武,清涧举义

1926年秋,唐澍告别爱人杨洁珍和幼女,奉调北上张家口,任冯玉祥部随营军官学校教官兼队长,不久又任政治部主任。1926年冬,该校随冯部西迁,1927年初到达陕西西安。3月,军官学校更名为国民军联军军事政治学校,唐澍任政治部主任兼主任教官。学校开始大量招生后,他在学校主要讲军事课兼授马克思《资本论》《政治经济学批判》和列宁《帝国主义论》等政治课。他当时的学生黎民觉[①]对唐澍钦佩不已:"唐澍老师给我们的印象是有胆、有识、有才干,有组织和领导能力,讲课和讲话条理清晰,感情豪放,颇有鼓动性,深受大家欢迎。"在黎民觉和他的同学中,唐澍还有一个绰号——"唐贯贯"。因为在讲课时,唐澍常用孔子"吾道一以贯之"的话来说明革命要贯彻始终,无论遇到什么艰难险阻,都不能动摇对革命的信念。学生们因此幽默地称他为"唐贯贯"老师。为了加强学生与社会的联系,扩大革命宣传,学校成立了红色剧团,唐澍是剧团主要负责人。他既当导演又当演员,先后为剧团导排了《孔雀东南飞》《我们的一条生路》等反帝反封建的新戏。在《我们的一条生路》中,唐澍还亲自扮演一名工人领导者,领导工人运动的经历使得他的表演真实感人,博得了阵阵掌声和好评。

1927年5月5日,根据党组织的指示,唐澍以国民革命军第二集团军军事政治学校(国民军联军于5月1日改称国民革命军第二集团军,军政学校随之改名)国民党特别支部负责人的身份主持召开该校国民党员大会,通过了讨蒋宣言和通电。后随军事政治学校先后移往洛阳、开封等地。7月,冯玉祥部日益右倾,唐澍被"礼送"出境。后辗转回到西安,参

---

① 黎民觉,原名黎善述,1927年毕业于西北军官学校,曾任冯玉祥、杨虎城部旅长、师参谋长等职。1934年他任营长时就积极参与中共绥靖军特支发动的安康起义以及后来的反蒋倒蒋活动。

加中共陕西省委军委的领导工作。

8月上旬，唐澍受中共陕西省委派遣，与省委军委书记魏野畴、军委成员白乐亭（又名白明善）一起前往陕北延安等地了解大革命失败后党的状况，向党团干部讲解全国的革命形势和党的任务，要求转入地下斗争，保存革命力量，使陕北党组织明确了斗争方向。随后任驻清涧的国民党第二集团军六旅（旅长石谦，倾向革命）中共党团书记。8月，经请示省委同意，主持成立陕北革命军事委员会并任书记，李象九、谢子长、白乐亭等为委员，领导清涧起义。10月13日，起义爆发，部队一路攻陷延长、宜川县城，发展到千余人，长短枪千余支，形成了一支相当可观的革命武装力量。后来遭到强敌进攻，损失严重，遂改编为西北工农革命军游击支队，唐澍任总指挥。转战途中，夜袭宜川县城，猛攻不克，经安定、安塞、保安，到达甘肃合水县豹子川时，部队仅剩20余人，遂化整为零，潜入山林隐蔽。

清涧起义是中国共产党在西北地区领导的第一次规模较大的武装起义，虽然起义最终失败了，但它打击了国民党的反动统治，锻炼了干部，教育了人民，对陕北地区革命运动的发展有很大的影响，成为创建西北革命根据地和红军的前奏。

奔赴渭华，血沃三秦

1928年1月中旬，唐澍历尽艰辛回到西安，向中共陕西省委汇报了清涧起义的经过和失败的教训。不久，省委决定派他到洛南许权中旅工作，任参谋长，参与旅党委领导工作。唐澍一到任就传达了中共中央和陕西省委的指示，协同许权中对全旅进行思想组织整顿和军事训练，把优秀的共产党员、共青团员提拔到各级领导岗位。同时，对部队进行了扩编，并为渭华地区培训了一批农民运动的武装骨干。

1928年5月，中共陕西省委决定调许权中旅参加"渭华起义"，唐澍、刘志丹等人率部到达华县瓜坡镇宣布起义，成立西北工农革命军，唐澍任总司令，兼军委常委、军党委委员，后率部直奔华县高塘镇，打起工农革命军的旗帜，发动群众，攻打地主武装，截夺国民政府辎重物资，成立基层苏维埃政府。一时间，在渭华地区形成了约200平方公里的红色区域，极大地震撼了国民党在西北地区的反动统治。6月30日，驻守在保安镇的第一大队突遭军阀李虎臣部包围，唐澍亲率百余人星夜驰援。次日，刚到保安街西雷家院，敌军从四面压来，唐澍带队冲入阵地，掩护部队突围。大部队突围后，唐率部向碾子沟方向撤退，至唐岭又遭民团截击，不幸中弹，壮烈牺牲，时年仅25岁。

渭华起义，是土地革命战争初期继南昌起义、秋收起义和广州起义之后，中国共产党领导的在全国最具影响的起义之一。渭华起义和清涧起义一样，使党在大西北取得了武装斗争的经验和教训，为开创成为中央红军长征落脚点的陕北革命根据地奠定了基础，培养了干部。从易水河边走来的燕赵男儿、二师的杰出校友唐澍，作为清涧起义中西北工农革命军游击支队的总指挥，作为渭华起义中西北工农革命军的总司令，他的英名永远地镌刻在了中国革命历史的丰碑上！

9 侯薪：中共保定市委首任书记

侯薪（1910~1985），原名侯汝，曾用名侯喜全。侯薪1910年生于河北省隆尧县城内一个商人家庭，祖上原是山西省榆次县的土布商。侯薪7岁时在本县模范小学读书，1922年秋考入本县师范讲习所，1925年夏天毕业。在这一阶段侯薪接触了一些进步思想，毕业后经同学朱林森介绍加入了共青团。1925年秋，侯薪考入直隶第二师范学校读书，是新制4班的学生。读书期间，侯薪积极向党组织靠拢，参加了党领导的进步组织"社会科学研究会"，并于1926年初接替花庆和担任二师团支部书记的职务，随后在隆平陈村转为中共党员。加入党组织后，侯薪的思想发生了质的飞跃，他积极组织进步活动，传播马列主义思想，播撒追求真理的火种。在革命斗争中，侯薪沉着冷静、胆大心细，表现出了大无畏的精神和较高的领导才能。1927年春，学校突然宣布当局要派人来学校搜捕"闹事"的共产党员，威胁共产党要小心点，最好躲起来。这么一闹，有些学生就慌了手脚，开始烧文件和进步书籍。侯薪非常冷静，认为敌人并没有真正掌握什么证据,只是在耍小聪明小伎俩,他告诉大家把文件藏好就可以了,根本用不着撤离。事实证明,侯薪是正确的。经过残酷的革命斗争的洗礼,侯薪逐步成长为优秀的革命战士和领导者,1927年12月下旬,侯薪任二师党支部书记。1928年,侯薪成为中共保定市委第一任书记。1929年夏,侯薪因领导进步活动激怒了当局,被捕入狱,也因此结束了在二师的读书生涯。

侯薪被关押在天津第三监狱,当时那里的新监专门关押政治犯,与侯薪一同被关押的有彭真、薄一波等人。半年后侯薪出狱,1930年1月开始担任中共天津市河北区团委书记。仅仅两个月后,他又因中共河北区委书记赵云生被捕连带入狱。该年9月出狱,先后在天津市委秘书处和河北省委秘书处工作。在天津从事党的地下工作,可谓危机四伏,没有过人的胆识是不行的。一天,侯薪正坐在法租界的公园里读书,因为身份暴露被五个特务悄悄包围了。那时租界里的中国特务是不许带枪的,抓了人也要经工部局引渡,不能强行带走,所以侯薪决定寻找机会摆脱敌人。他决定先喝茶,再看电影,然后吃饭。在一所楼房里,侯薪态度镇静,将礼帽、围巾、钱夹放在桌上,跟特务们说要上厕所,特务们半信半疑,不久就进厕所查看,这时侯薪已从四楼下到三楼,等敌人追赶时,他早跑进一条熙熙攘攘的巷子,把敌人彻底甩了。

1931年,侯薪调唐山任市委书记,第二年赴东北参加义勇军。1934年考入中国北平大学,1936年参加中华民族解放先锋队,1937年在济南重新接上党的关系,后同夫人刘光运一起到晋察冀边区工作，历任阜平县县长和县委书记。1938年4月调到抗敌报社任总务处长，成为邓拓的得力助手，邓拓把主要精力放在编辑工作上，侯薪则全力筹建印刷厂。侯薪还兼任党支部书记，并经常亲自讲授党课。侯薪与工人们一起研究印刷技术，终于印出了抗敌报社出版的第一本书，即指导全国抗战的伟大著作《论持久战》。为配合抗日游击战争的开展，侯薪在报上发表了《优待抗日军人家属的迫切问题》专论，署名"念新"。侯薪和邓拓在并肩的战斗中建立起了深厚的革命友情。1965年，侯薪、刘光运夫妇看望邓拓时，邓拓为他们写了《晋察冀纪事》七律一首："当年望狱起烽烟，卷地风云万里天。午夜号声惊短梦，山村灯火照无眠。马兰路上青春影，鹞子河边战斗连。今日京华重话旧，新人新事写新篇。"[1]

1939年后，侯薪在边区政府任民政处秘书主任和冀晋行署秘书长，高等法院书记长和华北人民政府民政部处长等职。新中国成立后，侯薪长期从事国家机关的人事工作和中国科学院社会科学部的行政工作。1985年病逝。

10　王禹夫：一个人撑起北方人民出版社

王禹夫（1909~1996），原名王振明，又名王新民，笔名宇斧。1909年生于河北省获鹿县（今鹿泉市），1927年考入直隶第二师范学校，是新制7班学生。1929年入党，并与二师

---

[1] 张帆：《才子邓拓》，《新疆新闻界》1994年第3期。

校友刘玉林一起担任进步组织"保定革命互济会"的负责人,开展了一系列革命活动。

1931年,为了扩大马克思主义宣传,满足广大革命群众的迫切需要,党组织在保定成立了秘密出版机构——北方人民出版社,由王禹夫负责。为确保安全,从编审、校对到出版、发行均由王禹夫一人负责,可以说是王禹夫一个人撑

王禹夫

起了北方人民出版社。在党组织的大力帮助下,王禹夫在极为困难的情况下,以巧妙的形式秘密出版和重印了大量党的文献、马克思主义书籍和进步文艺作品,如《马克思主义基础》[1]、《国家与革命》、《武装暴动》[2]、《土地农民问题指南》[3]、《苏维埃宪法浅说》[4]、《政治问题讲话》[5]、《社会科学概论》[6]、《民众革命和民众政权》[7]、《资本主义之解剖》和《中国革命与中共的任务》等,这些革命书籍由党组织秘密寄

---

[1] 内容为《共产党宣言》及《雇佣劳动与资本》。
[2] 封面装饰为《艺术论》。
[3] 内容是中共六大决议案和五次劳动大会决议案等。
[4] 附录"一苏"大会通过的"中华苏维埃共和国宪法大纲"。
[5] 内容是联共十六大斯大林的政治报告。
[6] 封面装饰为布浪得尔著的《社会科学研究初步》。
[7] 选辑"红旗周报"论著,封面装饰成《孙文主义之理论与实际》。

往河北省及全国各地，有力地传播了革命思想，对当时北方革命运动起到了积极的指导和推动作用。

王禹夫还与我党设在上海的另一出版机构华兴书局联系密切。华兴书局销往华北地区的进步书籍均由北方人民出版社出版印刷，包括人民文化丛书、左翼文化丛书、革命理论书籍等。北方人民出版社还将华兴书局出版的图书，通过秘密渠道运往华北各地区，是华兴书局在华北地区的一个重要发行处。王禹夫的出版印刷工作是非常繁重和危险的，为了掩人耳目和对付可能出现的搜查，他必须以印刷其他书籍为掩护，而印刷进步书籍时常常要加班加点，甚至在深夜进行。即使条件这样艰苦，北方人民出版社还是源源不断地把革命书籍提供给那些在黑暗中渴望光明的读者，用进步思想慢慢润泽华北大地。当时保定二师学生阅读的进步书籍，几乎全部来自北方人民出版社。

王禹夫后在保定、北京负责组织"新生社""反帝大同盟""革命互济会""社会科学家联盟"，并负责宣传工作。1937年冬赴延安，在延安文化协会工作，组织"延安世界语者协会"和"延安新文字协会"，开办世界语讲习班、俄文讲习班、新文字讲习班。在马列学院编译部任编译员，鲁迅艺术学院、陕北公学任俄文教员，军委编审局任编译员。1947～1952年任华北联大图书馆馆长、华北大学研究部研究员。1953～1985年任中国政法大学中共党史教研室主任、党史教授、顾问等。

1996年，王禹夫在北京去世。他离开这个世界时没有给他的家人留下任何贵重的财物。1998年4月，王禹夫的亲属将其毕生收藏的图书资料共计2万余册，全部捐赠给了中央编译局图书馆。

11 "七六"烈士：以身许国　丰碑永驻

1932年，在"七六"爱国护校斗争中，有12名优秀共产党员和1名共青团员英勇牺牲，几十名进步学生被无辜判刑。面对反动当局的屠刀和种种酷刑，同学们大义凛然，视死如归，进行了不屈不挠的斗争，谱写了一首追求进步、救亡图存、献身真理的爱国主义壮歌。让我们探寻英雄成长的轨迹，永远铭记这13位革命烈士的英名：贾良图、曹金月、杨鹤声、刘光宗、刘玉林、王慕桓、边隆基、邵春江、张鲁泉、张树森、赵克咏、马善修、吕清晰。

贾良图（1908～1932），河北井陉县冶里村人。1926年考入直隶第二师范学校，新制第7班学生。1927年加入中国共产党。曾任二师党支部书记（1930年8～10月）、中共保属特委秘书长兼宣传部部长、校学生会委员、护校斗争委员会组织部部长，是二师多次革命斗争的主要领导者之一。他

贾良图

聪颖敏捷，勤奋好学，追求真理，诚实笃厚，成绩优异，深得师长和同学的赞许。入党后，他十分重视组织发展工作，利用暑假回乡，协助井陉县乡村师范学校的地下党员开展工作，指导建立了"反帝大同盟"，借以广泛团结群众，推动井陉县革命形势不断发展。同时介绍其兄长贾良田加入中国共产党。在二师，贾良图诚挚热情，沉稳坚毅，深受同学拥护爱戴，被大家亲切地称为"老良兄"。在保属特委的领导下，他同曹金月等一起深入到志存中学，传播革命思想，发展党员，组建党支部，壮大了革命力量。"九一八"事变后，贾良图等组织二师学生深入大街小巷、车站店铺宣传抗日救亡主张，抨击国民党的不抵抗政策；上海"一·二八"抗战爆发后，他号召同学深入城乡，发动群众声援抗战。1932年5月，省教育厅派员来查处二师，宣布学校提前放假，无端开除学生35名，勒令40多名学生停学，撤换校长张云鹤。贾良图等在保属特委领导下组织指挥了二师学生武装护校斗争，克服当局围困、威胁利诱以及"粮荒"等重重困难，坚持半个多月。1932年7月6日凌晨，军警攻入学校，屠杀爱国学生，贾良图不畏强暴，沉毅坚定地说："你们这些屠杀爱国学生的刽子手没有人性，总有一天要受到人民的审判惩罚！我们的血不会白流，我们死得光荣！"贾良图最终英勇牺牲在军警罪恶的枪弹之下，年仅24岁。

曹金月（1909~1932），河北满城县北庄村人。1926年考入直隶第二师范学校，新制第7班学生。1929年春由贾振丰、贾良图介绍加入中国共产党，曾任二师党支部书记、中共保属

三 名师璀璨 英才辈出

特委组织部部长、保定市反帝大同盟书记、校学生会副主席,是河北易县农民割草斗争的领导人之一。曹金月虽出生在富裕之家,但自幼同情贫苦农民,聪明好学,忠厚侠义,常济人危难,在同学中威信很高。他利用假期回乡机会宣传党的主张,在本村发展党员。1930年秋他组织了贫苦农民的抢粮斗争。他同贾良图等同学一起,创办贫民子弟学校,教穷人子弟认字读书,经常深入码头工人中间宣传革命道理。还与贾良图一起指导帮助志存中学建立了党支部。"九一八"事变后,发动学生上街游行示威,宣传抗日救亡主张,抵制日货。曹金月是爱国护校斗争的直接领导者和组织者之一,任护校委员会副主席兼总指挥。为了解决被围困后的断粮问题,他争取到了护校后援会的投大饼支援,还组织武装买面和化装买面,都取得了成功,使得护校斗争得以坚持半个多月。1932年7月6日,军警攻入学校,曹金月等40名同学被捕。在监狱里,他坚贞不屈,痛斥反动当局屠杀爱国学生的罪行,要求立即释放被捕的同学,把审讯室当成揭露反动当局的讲坛。当发现反动当局即将下毒手时,他鼓舞同学们的斗争意志,对大家说"能为革命牺牲,只有感到光荣,同志们不要难过,要继续为共产主义的实现而奋斗到

曹金月

底,我们一定能获得最后的胜利"。1932年9月7日,曹金月在赴刑场的路上,慷慨激昂,视死如归,高唱国际歌,高呼"共产党万岁!""打倒国民党反动派!"等口号,从容就义,时年23岁。

杨鹤声

杨鹤声(1909~1932),河北徐水县米家营人。1926年考入直隶第二师范学校,新制第7班学生。1930年加入中国共产党,曾任校学生会主席、左翼作家联盟二师小组书记、保定市反帝大同盟书记、中共保属特委宣传部部长,是二师革命学生中的核心人物之一。

杨鹤声出身于农民家庭,自幼聪明好学,勤奋敏捷,喜欢阅读进步书刊,提倡男女平等,反对妇女缠足。他利用寒暑假在本村办夜校,帮助贫苦农民学习文化,宣传新思想;他与曹金月等同学一起创办贫民子弟学校,编教材,刻讲义,义务授课,成为贫困孩子最喜爱的好老师。"九一八"事变后,他响应党的号召,带领党员和进步学生深入市民、工人和士兵中宣传抗日救国主张,组织游行集会,开展宣传工作。在"七六"爱国护校斗争中,杨鹤声任护校委员会主席。他作为护校学生代表同国民党清苑县县党部书记刘俊士多次谈判,慷慨陈词,据理力争,使刘无言以对。1932年7月6日被捕后,在狱中党支部的领导下组织绝食斗争，在刑堂上申诉青年学生的正义主张，痛斥反动当局残酷屠杀学生的罪行，9月7日凌晨牺牲于保定西门外刑场，年仅23岁。

刘光宗（1909～1932），河北蠡县埝家庄人。1926年考入直隶第二师范学校，新制第7班学生。入校不久即加入中国共产党，是共青团保属特委领导成员，曾任校学生会主席及左翼作家联盟、社会科学者（家）联盟二师小组负责人。刘光宗非常重视马列主义和社会科学知识的学习，擅长演讲，是党的革命主张的优秀宣传员，被同学称为"青年理论家"。在"七六"爱国护校斗争中任护委会宣传部长，带领护校同学向包围学校的军警宣传抗日主张，揭露反动当局的阴谋。对校外群众进行广播，争取社会舆论的支持和同情。作为护校学生代表与国民党清苑县县党部书记刘俊士谈判。军警武装进攻学校时，他赤手空拳与之搏斗。被捕后坚贞不屈，开展绝食斗争。9月7日，牺牲于保定西门外刑场，年仅23岁。

刘光宗

刘玉林（1910～1932），河北怀柔县（现属北京市）桃山村人。自幼聪明好学，9岁入私塾读书。1925年考入顺义县牛栏山中学，他追求新思想，组织能力强，后被推选为学生会主席。1926年秘密加入中国共产党，任牛栏山中学党支

刘玉林

部宣传委员,并化名刘平与北平院校的党组织、进步团体取得联系,传递进步书刊,开展革命活动。1928年,初中毕业后刘玉林考入通州潞河中学,因组织进步学生成立"读书会"被开除。1930年,刘玉林受党组织派遣,到河北省立第二师范学校文科乙组即新制第9班学习,后担任校学生会委员和"革命互助救济会"组织部部长。1931年12月,中共保属特委为筹备广州起义4周年纪念活动,决定当月11日下午在保定南关大桥举行较大规模的"飞行集会",刘玉林担任宣传和传单散发总队长。曾受命深入码头工人中间,领导驱逐黄色工会头子、清查黄色工会账目的斗争,取得全面胜利。在护校斗争中,刘玉林任护校纠察大队长。当校内断粮时,为了坚持斗争,他组织领导武装买面活动,还用英语跟路西农学院院内的同志取得联系,由护校后援会把准备的大饼、馒头投入校内。1932年7月6日凌晨,军警冲进学校,刘玉林奋不顾身,与之英勇搏斗。被捕后受尽酷刑,面对反动当局的诱降,刘玉林高声回答:"我生为人民解放而生,死为反抗军阀统治和帝国主义侵略而死,我相信真理永存,我们的主张不久就会实现!"9月7日,慷慨就义,年仅22岁。

王慕桓（1907～1932），河北衡水县祝葛乡王家庄人。1927年考入河北省立第六师范学校，在进步教师的影响下，刻苦研读新文学作品，接受了马克思主义。1930年因领导学生运动被开除。1931年插入河北省立第二师范学校文科乙组即新制第9班学习，不久加入中国共产党，参加"革命互济会"和校内左翼作家联盟的工作，任校学生会交际部部长，负责对外联络与宣传工作。"九一八"事变后，王慕桓积极组织和带领同学走上街头演讲、游行示威，声讨日本侵华罪行，反对妥协投降。积极投身"七六"护校斗争，当军警撞开校门时，王慕桓立即鸣笛并与贾良图一起冲上去阻击，赤手空拳同军警搏斗，中弹倒地，壮烈牺牲，时年25岁。

王慕桓

边隆基（1912～1932），河北省任丘县阁辛庄人。1929年考入河北省立第二师范学校，新制第11班学生。1930年加入中国共产党，入党宣誓后，他指着自己的脑袋说："从今天

边隆基

起,这颗头不再是我的了,属于党属于人民了,为革命我随时准备献出去!"他有较强的组织能力,曾任社会科学家联盟二师小组负责人和校学生会干部。"九一八"事变后,他经常和同学们一起到兵营、车站、工厂散发传单,宣传抗日救国主张。1932年3月,边隆基主动请缨打入国民党军内部,向士兵宣传抗日。后被敌人察觉,遭到禁闭和严刑拷打,后经党组织营救脱离虎口。在爱国护校斗争中他不畏强暴,坚持斗争。当军警攻入学校时,边隆基被连刺数刀,因伤势过重英勇牺牲,年仅20岁。

邵春江(1913～1932),河北满城县东堤北村人。1930年考入河北省立第二师范学校,新制第11班学生。入学不久即加入中国共产党,是校内反帝大同盟的领导成员之一。邵春江学习刻苦,成绩优秀,喜欢阅读进步书刊。根据党组织安排,利用寒暑假在家乡宣传革命思想,发展党团组织。1931年,同曹金月等人一起深入南关码头工人中开展工运工作,领导工人捣毁了黄色工会。在爱国护校斗争中,邵春江参加纠察队,站岗放哨,抛撒传单,向包围学校的士兵宣传抗日救国、收复失地等主张。当军警冲入校内后,他在学校北院守卫,用砖石做武器与军警搏斗,不幸中弹牺牲,年仅19岁。

张鲁泉(1913～1932),河北河间县大蔡楼(现为健寨店)人。1928年考入省立河间三中,阅读进步书刊,接受革命思想,因参加学生运动被开除。1931年考入河北省立第二师范学校,是新制第14班学生,入学不久就加入了中国共产党,成为学校各项进步革命活动的积极分子。按照党组织安排,他利用假期,经常骑车到河间、肃宁一带深入群众宣传抗日救国道理,散发二师校刊《春芽》。1932年6月下旬,张鲁泉在家乡接到学校被军警围困的消息,火速赶回学校,趁军警不注意越墙进入校园。军警攻入学校时,他在搏斗中英勇牺牲,年仅19岁。

张树森(1911~1932),河北徐水县城北村人。1929年考入河北省立第二师范学校,新制第11班学生,入学不久加入中国共产党。任左翼作家联盟二师小组组长,经常给左联刊物撰写稿件,传播革命道理。在"七六"爱国护校斗争中,他坚定勇敢,抢着站岗放哨,冒着危险参加买面,为持续开展护校斗争作出了贡献。当军警攻入学校时,张树森抄起木棍与之搏斗。搏斗中他一条腿被刺刀穿透倒在血泊中,当军警想用绳索捆绑他时,他愤怒地从血泊中站起身继续扑击,直至牺牲,年仅21岁。

赵克咏(1910~1932),原名赵荣卿,河北省徐水县何家店人。1931年考入河北省立第二师范学校,新制第14班学生。他富有正义感,在同学中有较高威信。入学不久即参加反帝大同盟。"九一八"事变后,赵克咏组织保定城郊农民及小学教员广泛开展抗日救亡活动。1932年春,他同第15班同学王慕贤(后改名王尔鸣)秘密赴徐水,组织发动小学师生举行抗日游行示威,险遭逮捕。同年加入中国共产主义青年团,

张鲁泉

参加左翼作家联盟二师小组并负责宣传和撰稿工作,写了许多宣传进步思想、号召抗日救亡的文章。在爱国护校斗争中,他英勇果敢,和军警展开激烈搏斗,不幸中弹牺牲,年仅22岁。

马善修(1913~1932),河北唐县马庄村人。1931年考入河北省立第二师范学校,新制第14班学生。入学当年加入中国共产党,担任二师共青团的领导工作。"九一八"事变后,马善修按照党组织部署,积极深入城乡开展抗日救国宣传和发动工作。当接到二师护校委员会返校的通知后,他立即返校投入斗争。为打破当局困饿学生的阴谋,他参加了武装买面行动。当军警攻入校内时,与军警徒手搏斗,壮烈牺牲,年仅19岁。

吕清晰(1910~1932),河北获鹿县石家庄(现石家庄市)人。1930年考入河北省立第二师范学校,新制第13班学生。入学后不久加入中国共产党。"九一八"事变后,按照党组织的安排,积极投身抗日救亡宣传活动。1932年6月,接到护校委员会返校通知后,他立即返回投入爱国护校斗争,负责守卫南操场。他同齐树盈一起,越过围墙在马路上捡拾护校后援会投送的大饼,面对举枪威胁的军警毫不畏惧。当听到军警从北面冲进学校的消息后,正在护校执勤的他当即奔到中院加入战斗,不幸中弹

吕清晰

三 名师璀璨 英才辈出　97

牺牲，时年22岁。

1991年9月，江泽民同志视察河北时，对"七六"爱国护校斗争给予了很高评价，他指出"河北不仅历史上人才辈出，而且也是有光荣革命传统的地方"，"1932年7月保定第二师范学校的武装护校斗争以及后来的冀东、冀南暴动，都震撼了国民党反动派的统治……"①"七六"先烈为了革命事业牺牲了年轻的生命，但他们用崇高理想浇筑起来的伟大灵魂和英雄气概，已经作为最宝贵的精神财富熔铸于二师的优秀传统之中。

12 王鹤寿：忠诚革命家　杰出领导人

王鹤寿（1909～1999），河北唐县人。忠诚的共产主义战士、无产阶级革命家，中国共产党纪律检查工作和中国冶金工业的杰出领导人。历任全国铁路总工会干事，共青团满洲省委书记，共青团天津市委书记，中共黑龙江省委书记，黑龙江军区政治委员，中共中央东北局副秘书长，重工业部

王鹤寿

---

① 参见《江泽民总书记在听取河北省委工作汇报后的讲话》，1991年9月22日。

部长、党组书记,国家建设委员会主任,冶金工业部部长、党组书记,中共中央纪律检查委员会副书记、常务书记、第二书记等职。中国共产党第八届中央委员会候补委员,中国共产党第十一届、第十二届中央委员会委员,中共中央顾问委员会委员。1923年考入直隶第二师范学校,为新制2班学生。

在二师走上革命道路

王鹤寿考入直隶第二师范学校后,在进步环境的熏陶下迅速成长。1924年暑假,年仅15岁的王鹤寿在学校秘密党、团组织安排下,回到唐县从事革命宣传活动。他和同学利用集中复习功课、开办故事会等形式,秘密散发《共产党宣言》等革命书刊,宣传革命思想,为后来唐县党组织的建立做了初步的思想准备工作。1925年4月,加入共青团。6月中旬,二师和女二师学生组织了"沪案后援会演剧团",王鹤寿参加了四幕话剧《杀我同胞》的编导与演出。同年秋,被中共保定地委选派到中共北方区党校学习。10月,经同在党校学习的罗亦农、尹才一介绍加入中国共产党。是年,保定二师支部输送一批骨干力量到外地的斗争一线工作,王鹤寿(化名王警昆)被委派到石家庄,任京汉铁路总工会石家庄分会秘书,开展工运工作,并与之前已到石家庄担任正太铁路总工会秘书的彭真(化名傅茂公)一起发展组织。1926年,中共北方区党委组织部部长陈乔年派王耀郁到石家庄,和彭真、王鹤寿共同组建了中共石家庄特别支部。5月,王鹤寿经组织安排到北京,担任全国铁路总工会干事,负责机关的事务工作。

在革命洪流中炼就赤子丹心

1928年,王鹤寿从苏联莫斯科中山大学学习结束回国后,一直从事党领导下的工运工作,先后担任共青团满洲省委组织部部长、书记,共青团中央团校主任,共青团天津市委书记、共青团河北省委组织部部长。在白区的长期斗争中,曾六次被捕,历尽磨难,始终坚贞不屈。

抗日战争爆发后,王鹤寿赴延安,任中共中央组织部干部科科长,在陈云和李富春领导下工作。在此期间,他参加了由毛泽东提议、陈云直接组织领导的马克思主义哲学学习小组,并被推举为中央组织部的学习模范。王鹤寿认真贯彻党的干部政策,在把组织部门建成"干部之家"、发展壮大党的干部队伍、增强干部队伍的团结等方面,都作出了自己的贡献。据著名歌唱家王昆回忆,她第一次见到三叔王鹤寿是在1944年随西北战地服务团到延安时。在观看了王昆首演的新歌剧《白毛女》后,王鹤寿没有多说赞扬的话,却为她"约法三章":第一,不可以让照相馆摆出她的照片。第二,不可以去学跳交际舞。第三,尽快去延安中学读书或到自然科学研究院中学部学习。[①]

抗日战争胜利前夕,王鹤寿作为中直、军直代表团成员出席了党的七大。1945年秋,赴东北黑龙江工作,先后担任中共黑龙江省工委书记、省委书记兼黑龙江军区政治委员等职务,后调任东北局副秘书长。他坚决执行党中央关于建立巩固东北根据地的指示精神和东北局的有关决议,在黑龙江地区领

---

① 王昆:《我的三叔王鹤寿》,《百年潮》2009年第7期。

导接收改造伪政权,扩大武装,清剿土匪,发动群众,开展土地改革,建立党的组织,有力地支持了整个东北的解放战争。

冶金工业和党的纪检工作杰出领导人

1949年初,王鹤寿被任命为东北工业部部长。面对百废待兴的局面,他牢牢抓住恢复鞍钢这个重点,带动了整个东北工业的恢复和建设。在此期间,王鹤寿还与吕东、安志文等东北工业部的领导同志,共同创办了培养冶金科技人才的第一所高等学府——东北工学院,组建了第一个冶金综合研究机构——沈阳金属材料研究所。在任国家重工业部部长、党组书记时,他组织了对全国重工业企业情况的调查研究,抽调精兵强将,初步建立了从地质勘探、设计到建筑安装的重工业基础工业系统。从1956年起,王鹤寿担任国家冶金工业部部长、党组书记,组织编制了以扩建鞍钢、新建武钢和包钢为中心的钢铁工业建设规划,受到毛泽东和陈云的肯定与赞扬。在"文革"期间,王鹤寿虽然受到残酷迫害,被关押八年之久,但丝毫没有动摇对共产主义事业的信念。他不仅全面系统地研读了《资本论》,而且还联系新中国建设的实际写下了大量读书心得。

在党的十一届三中全会上,王鹤寿被选为恢复重建的中共中央纪律检查委员会副书记,以后又担任中央纪委常务书记、第二书记。他坚持原则,实事求是,忠实捍卫党的纪律和人民的利益,参加领导了平反"文革"和历史上遗留下来的大量冤假错案,特别是刘少奇、瞿秋白、潘汉年等同志重大冤假错案的工作。王鹤寿与其他领导同志一起,恢复重建中央纪委和地方各级纪律检查机关,主持起草了《关于党内政治生活的若干准则》等党的重要法规，组织开展了大量党性党风党纪的宣传教育工作。

王鹤寿十分关注、关心母校的发展，数次回到母校，瞻仰"七六"烈士碑，怀念在二师求学的难忘岁月。1998年10月，他欣然为母校题词："学生时代是树立正确的人生观、世界观的关键时期，希望学校领导在思想政治工作方面对学生的思想行为加强指导。祝保定师范成为全国教育战线的模范。"

13 铁瑛：直道而行的将军省委书记

铁瑛（1916~2009），河南南乐县人。1937年10月参加革命工作，同年12月加入中国共产党。历任抗日军政大学一分校一大队组织干事，山东滨海军区临沭县县委书记，山东军区特务一团政委，华东军区警卫旅政委，上海市公安总队政委，南京军区军事法院院长，浙江省委第一书记兼省军区第一政委、省政协主席、省人大常委会主任、省顾问委员会主任等职。1964年被授予少将军衔。1934年考入河北省立第二师范学校读书。

铁瑛

二师求学，扬帆远航

1916年11月19日，铁瑛出生于直隶南乐县（今河南省南乐县）一个农民家庭，原名任鸿让。初小毕业时被评为全班最优等学生，辍学一年后以全优成绩考上县第三高小，毕业时会考又取得全县第一名，随之考入南乐县简易师范。

1934年，保定二师招生100名，80名正取，20名备取，报考的学生近2500人。铁瑛名列正取的80人中。入学后，铁瑛被推选为五班班长和南村（校舍分南村和北村）村长。他学习格外专心刻苦，多数功课都在90分以上。为了省钱，两年的暑假他都不回家而是给附小代课，不给工钱但管饭。暑假中，铁瑛最爱去图书馆，常常一坐就是大半天，一天看一本小说，一个暑假看了20多本，曾立志当一名作家，还以"夜星"为笔名向天津《益世报》副刊投稿被录用，报社寄来的稿费是2元2角钱的邮票。

在二师读书期间，民族危机日益严重，铁瑛在二师党组织和进步师生影响下日渐倾向革命。"一二·九"运动爆发后，铁瑛参加了二师罢课游行等声援活动，1937年12月加入中国共产党。后来，在回忆这段经历的时候，铁瑛的感受是："保定二师教我们扬帆远航！"[1]

说到二师，铁瑛还有一段真切的历史记忆：那是1975年2月8日，毛泽东主席到杭州治眼睛，铁瑛和谭启龙到专列上去迎接他。老人家握着铁瑛的手，面带微笑地问道："铁瑛同志，你是哪里人？""河南人，南乐县的。"虽然是第一次与毛

---

[1] 铁瑛：《保定二师求学纪实》，载《师范群英光耀中华》卷八，陕西人民教育出版社，1993。

主席面对面谈话，铁瑛心里并不紧张。"在哪里读书的？""在保定二师。""哦，保定二师，那个学校，好学校。"毛主席明显带有赞赏的口吻。①

军政警法，样样精通

参加革命后，铁瑛受中共党组织派遣到国民党部队西北军中开展统一战线工作。他积极宣传党的抗日思想，激发官兵的爱国热情。1939年4月，铁瑛奉命到抗日军政大学一分校学习，后任一大队组织干事，接受了系统的军政训练。1940年2月，在抗日战争最艰难的时刻，铁瑛奉命赴敌后根据地工作，受到山东滨海军区通令嘉奖。抗日战争胜利后，铁瑛在山东军区、华东军区和潍坊、济南等城市负责警备工作，他深入了解当地的敌情，很快就适应了新的工作任务。

上海解放后，铁瑛奉调上海市公安总队工作。面对解放初期大上海的复杂形势，他全面贯彻党的城市政策，努力维护上海的社会秩序，特别是在华东局和上海市委领导的直接指挥下，奉命率领部队封锁上海证券大楼，一举取缔非法金融投机活动，为稳定上海金融市场、恢复经济、稳定人心奠定了良好基础。此后，到华东军区、南京军区从事军法工作，先后担任华东军区军法处副处长、南京军区军事法院院长。

1960年，铁瑛调舟嵊要塞区工作，在蒋介石集团叫嚣反攻大陆的严峻形势下，他认真分析敌情，狠抓战备施工，搞好军政训练，呕心沥血，把区内40个设防岛屿建设成了海上的

---

① 《三任秘书忆铁瑛》，《都市快报》2010年4月4日第20版。

钢铁长城。

1972年3月29日，铁瑛被紧急从舟山叫到北京，参加政治局扩大会议。会议最后一天，周总理代表党中央宣布"谭启龙和铁瑛任中共浙江省委书记，主持浙江省委工作"。据陪铁瑛赴京的秘书方文回忆，由于受"文革"动乱影响，当时浙江百业凋敝，从北京回来的路上，铁瑛和他谈得最多的是如何让浙江老百姓尽快有饭吃、有衣穿。

改革开放，开启新局

1977年2月，铁瑛任中共浙江省委第一书记兼省军区第一政委。他深入基层调查研究，着重在启动农村和城市经济体制改革、推进科技进步、发展教育事业等方面提出一系列决策部署。据铁瑛的秘书方文、冯泉林回忆，铁瑛在省委书记任上，浙江每个县几乎都去了三遍以上。铁瑛下去调研时，经常就一辆车，随身带一个秘书一个警卫，在一些困难县，他有时晚上就睡在县委书记办公室。这期间，浙江创下多个全国第一：1980年12月，中国第一个个体工商户诞生在温州；1982年12月，中国第一个私营经济试验区诞生在温州；1983年1月，台州诞生中国第一家股份合作制企业。

1983年春节，邓小平来杭州视察，听铁瑛汇报说浙江2000年能翻两番半或三番后，高兴得端起绍兴加饭酒，一饮而尽。据媒体报道，1983年2月为期12天的苏杭之行，给邓小平留下了深刻印象。苏杭大地的巨大变化，使邓小平对"翻两番"、实现"小康"目标充满了信心。在返京的列车上，有人问小平同志的感受，他高兴地说：到处喜气洋洋。

真情至性，祝愿母校

铁瑛于 1983 年任中央顾问委员会委员和浙江省顾问委员会主任，1993 年离休。但他卸职而不卸责，发挥余热、出谋献策，为浙江改革发展稳定倾注了大量心血。

铁瑛爱百姓。有一次，铁瑛散步到楼外楼附近时，听一个中年人说"现在我们头顶上有'三座大山'"，就是住房、教育和医疗。后来，省委在听取老干部意见时，他提出必须要重视民生问题。事后，家人说当着省领导的面讲"三座大山"，担心不妥，但铁瑛说，只要是老百姓的心声，就应该讲。

铁瑛爱家人。1994 年 5 月 1 日，铁瑛把因患癌症住院治疗的夫人苏佩兰接出来举行金婚纪念，子女和孙辈都参加了。他从口袋中掏出一面小圆镜，一边擦拭着一边对大家说："50 年前……你们的妈妈……送给我这面小镜子，我把它藏了整整 50 年，这是我们婚姻的见证。"说着说着就流泪了，在场的所有人都哭了。铁瑛和苏佩兰相濡以沫，感情甚笃。对孩子也处处以身作则，严格要求，养成了良好的家教家风。

铁瑛也一直牵挂着母校保定二师。1990 年，他撰写了回忆录《保定二师求学纪实》。退居二线以后，他陆续联系到十多位当年在二师读书的同班老同学。据他了解，他们班有 13 人在抗日烽火中参加了中国共产党，其中 3 位在抗战时期英勇牺牲，其余 10 名在解放后都陆续担任了省市部局各级领导职务，班里没有一个当汉奸的。他说：大家回忆当年的学校生活，都怀念和感激二师的校长孟宪提、训育主任胡一若和班主任赵瑞五（当年即是共产党员）；在抗日烽火连天之时，二师培养了大批革命者；在实现"四化"，改革开放的今天，祝母校为社会主义祖国培养出更多更好的人才，愿母校老树新花，生命之树长青！①

14 杨士杰：坚持真理、无私无畏的革命家

杨士杰（1911~1988），河北定县人。历任共青团定北县县委书记，晋察冀定北县、唐县、望都县县委书记，晋察冀三分区地委宣传部部长、十三分区地委书记兼军分区政治委员，北岳区党委组织部部长，察哈尔省委组织部部长、第一副书记、代理书记兼军区政治委员，华北行政委员会委员、财委副主任，华北局农村工作部副部长、组织部第一副部长，山西省委第三书记，鞍山市委第一书记，中共中央组织部副部长。1930年考入河北省立第二师范学校。

亲历"七六"爱国护校斗争

1911年1月5日，杨士杰出生于河北定县（今定州市）

---

① 铁瑛：《保定二师求学纪实》，载《师范群英光耀中华》卷八，陕西人民教育出版社，1993。

杨只东村。1930年，他以优异的成绩考入河北省立第二师范学校，是新制12班学生。"九一八"事变之后，杨士杰参加了党的外围组织——反帝大同盟，从事反帝救国活动。1932年加入中国共产党。"七六"爱国护校斗争发生时，杨士杰正放假在家，听到同学受困的消息，他立即赶回学校，参加了护校斗争后援会的工作。护校斗争后，学校被迫暂时停办，杨士杰主动要求到定县开展工作。他发动群众抗租抗债抗捐，建立发展党组织，壮大了当地的革命力量，被任命为定县第一任团县委书记。当年11月，他带领党团员配合中共定县中心县委在县城发动了两万余人参加的反帝、反封建大示威。第二年5月，他又带领全县党团员开展了扫盐斗争，发动起数十万群众，迫使国民党的县长撤销了禁盐令，允许农民有刮盐土、熬硝盐、食硝盐的自由。

投身中国革命的洪流

抗日战争时期，杨士杰积极投身于民族解放斗争之中。1937年11月，杨士杰与地下党员杨银山组建了"晋察冀抗日义勇军第四支队"，主要活动在定县、唐县、望都等地区，创建发展革命政权，动员广大青年参军，扩大抗日武装，配合主力部队与日寇作战。1943年1月，杨士杰任晋察冀一分区地委副书记兼易县中心县委书记，依靠广大群众通过地道战、地雷战等形式，痛击敌伪。1944年9月至1945年7月，杨士杰调任晋察冀第一地委书记兼八路军晋察冀第一军分区政委（司令员杨成武，后为肖应棠），参加了晋察冀抗日根据地反"扫荡"的战斗。解放战争时期，杨士杰在北岳区和察哈尔省领导当地干部、群众在艰苦的环境中坚持斗争,开展"土改"和大生产运动,支援前线。

倾力领导地方经济建设

1953年,受中共中央华北局委托,杨士杰对农村统计工作中的严重混乱现象做了调查研究,撰写了一份调查报告,肯定了统计表报的重要性,同时指出了统计表报繁多、内容庞杂、资料不真实等问题以及改进意见。之后,中央根据他的报告发出了《关于坚决制止滥发统计表报的指示》。不久,又发出第二次指示。这对当时纠正全国统计表报过多的现象起了良好的作用。

1955年,杨士杰任中共山西省委第三书记期间,到晋南经济作物区用点面相结合的方法做调研,调研报告送到中央,中央发出了《批发杨士杰同志〈关于晋南经济作物区一些情况和问题的报告〉给各地的指示》。《指示》中说:杨士杰同志报告中反映的问题,在其他地区也一般存在,应引起全党及时注意……像山西省委这种做法,由省委负责同志,深入基层,具体地分析情况,发现问题,提出改进工作的意见,是很必要的。这种工作方法,对克服领导机关的官僚主义,帮助县、区党委提高领导水平,都有好处,值得各地注意和效法。

1955年的秋末冬初,杨士杰到鞍山市任市委第一书记兼鞍钢党委书记。他经常深入厂矿调查研究,积极探索工业发展的道路。1960年3月,在他的主持下,由鞍山市委向辽宁省委和中央作了《关于工业战线上的技术革新和技术革命运动开展情况的报告》。毛泽东阅后做了600字的批示,认为"这个报告很好,使人越看越高兴……这个报告中所提出来的问题有事实、有道理,很吸引人"。

"文革"初期,杨士杰遭到残酷迫害,挨批斗、住"牛棚"、下干校。但他坚持真理,实事求是,表现了一名共产党员无私无畏的精神。

努力开拓新时期党的组织工作新局面

1978年,杨士杰担任中央组织部副部长后,大胆拨乱反正,落实党的干部政策,平反了一大批冤假错案。他曾不止一次要鞍山来的同志回去以后一定要代表他向在他主持工作时被打成"右派"的同志真诚赔礼道歉。

1981年,杨士杰到山西省右玉县做绿化山区的调查,撰写了《昔日荒山变绿洲》的调查报告。他热情地歌颂了解放前"万里并无梨枣树,三春哪得杏桃花"的不毛之地经过32年的植树造林,正在变成"塞上绿洲"的美景。这份报告被刊登在《人民日报》以后,入选了当时的中学语文教材。

杨士杰非常关注母校的发展。1979年7月6日,他回校参加纪念"七六"爱国护校斗争47周年大会,瞻仰烈士纪念碑并欣然题词:"把二师革命斗争的光荣历史更加发扬光大。"

15 臧伯平:赤胆忠心的革命教育家

臧伯平(1913~2005),又名臧树棠,河北唐县臧城涧村人,著名的教育家。历任唐县县委书记、灵寿县县长、石家庄市市长、第二机械工业部七局局长、北京航空学院党委第二书记、天津大学校长、南开大学党委书记兼校长、教育部副部长等职。1930年转入河北省立第二师范学校读书。

保定二师的活动经历

臧伯平于1929年考入河北省立第六师范学习，同年加入共青团，不久转为中国共产党党员。1930年夏，臧伯平因开展革命活动，宣传共产主义思想被勒令退学，随即转入保定二师，任团支部书记，负责领导二师、育德中学、清苑师范、河北大学附中、烈士田中学以及铁路西车站铁路工人支部的工作。曾领导和组织了保定西关和城内天华市场及南关大桥的"飞行集会"和游行示威活动。

1930年底，在中共保定特委领导下，北方左联保定小组成立，臧伯平参加并参与小组领导工作。左联保定小组开展的主要活动有：一是传播普罗文学，北平左联盟员周永言、何小石、杨纤如等先后到保定，通过授课在学生中倡导普罗文学，先后建立了"鏖尔读书会""文学研究会""星光文艺社"等进步文学社团，培养了一大批文学人才，如臧伯平、刘秉彦等。二是创办文学刊物，其中有臧伯平、卢勤编辑的《曙前》，刘光宗编辑的《在前哨》，以及保定二师与保定六中合编的《朝晖》等。三是积极开展抗日救亡宣传活动。

1931年"九一八"事变前后，臧伯平奉党组织指示，到

臧伯平

保定各学校开展宣传抗日、抵制日货和反对国民党不抵抗政策活动，因活动频繁，暴露了身份，二师学校当局密谋将其开除，遂受党组织指示到北平躲避。随即考入民国大学中国文学系，并担任了民国大学团支部书记和北平市左联西城区的区委书记。1932年"一·二八"事变爆发，十九路军奋起抗战。为了进一步发展保定二师的革命力量，臧伯平受党组织委派回到保定二师领导学生运动。在"七六"爱国护校斗争中，臧伯平担任护校委员会委员兼宣传部副部长。"七六"惨案中，臧伯平被捕。他组建狱中支部，发动两次绝食斗争，反对当局的残酷迫害。1935年，臧伯平出狱。1937年10月，臧伯平组建了中共唐县县委与人民武装自卫委员会，并任唐县县委书记兼人民武装自卫委员会主任。

献身党的教育事业

臧伯平在70多年的革命生涯中，用实际行动实践着为共产主义奋斗终生的誓言。

他是革命家。从16岁起投身革命，臧伯平始终把自己的命运和祖国的前途紧密地联系在一起。从一个年轻幼稚的爱国学生，成长为一名坚定的共产主义者，他的成长道路值得当代青年学生学习。

他是教育家。臧伯平任北京航空学院、天津大学、南开大学党政领导工作期间，努力贯彻党的教育方针，潜心研究高等教育理论，熟悉高校工作，积累了丰富的办学经验。他尊重知识、尊重人才，关心师生生活，强调教师教书育人和师生思想政治工作。1979年，任教育部副部长后，深入实际调查研究，为教育战线的拨乱反正,为教育事业改革和发展,为推进全国职工教育、民族教育,以及建立高等教育自学考试制度付出了大量心血,作出了重要贡献。

他是作家。长期的革命生涯,深厚的文学功底,使他具有较高的政治理论水平和写作能力,先后发表了长篇小说《破晓风云》、诗集《步尘小集》、回忆录《七月风暴》和《足痕》等作品。

16 杨泽江:听党指挥闯天涯

杨泽江(1921~),又名俊仁、隽人,河南省清丰县杨庄人。1937年参加革命,1938年6月加入中国共产党。曾任冀鲁豫边区抗日救国总会青年部部长,中共鲁西南地委南华、东明二县工委书记,中共江西省委青年工作委员会书记,中共华南分局青年工作委员会书记,中共海南区党委第一书记,中共汕头地委书记,中共广东省委常委、秘书长,中共河北省委副书记兼保定地委第一书记,兼任河北省农委主任。1985年任中共河北省顾问委员会主任。现任河北省关心下一代委员会主任,河北省炎黄文化研究会会长。

走上革命道路

1934年夏天，13岁的杨泽江考入河北省立保定师范学校学习，是第五级学生。受"七六"爱国护校斗争的影响，杨泽江和他的同学们积极参加爱国革命活动，如声援"一二·九"运动，开始接受抗日救亡运动启蒙教育。

1937年7月，杨泽江回到河南老家，在当地宣传抗日进步思想，组织革命活动。同年12月，他在南乐县留固店参加了中共直南特委领导的抗日民军第四支队。1938年3月，他参加抗日军政干部学习班，加入"中华民族解放先锋队"。6月，加入中国共产党。1940年，杨泽江来到冀鲁豫边区二地委，任民运委员会副书记、救国总会代表团团长。1941年4月，杨泽江在反"扫荡"战斗中受伤。之后他又在1942年4月的反"扫荡"中突破敌人的重重包围，受到了区党委通报表扬。

亲历党的七大

1943年9月，日军对冀鲁豫边区进行秋季大"扫荡"，杨泽江所在的抗日救国总会随边区机关跳出敌人合围后，他接到了区党委书记黄敬的通知：他已当选为党的"七大"代表，要赴延安参加"七大"。匆匆准备之后，杨泽江与中共北方局的刘宴春、芦雪夫妇，军分区司令员刘德海，段君毅夫人陈亚琪等乔装成农民，同赴延安。两个月之后到达，进入中央党校学习。此时正值延安整风运动处于"总结历史经验"阶段，杨泽江由此深入系统地学习了党的历史，逐渐明确了毛泽东思想及其指导革命走向胜利的过程，深刻认识到了王明"左"倾路线对革命造成的巨大损失。

1945年4月23日,中共七大在延安杨家岭中央大礼堂召开。当毛泽东、朱德、刘少奇、周恩来、任弼时等领导人出现在主席台上的时候,全体代表起立,热烈鼓掌。年轻的杨泽江学习了毛泽东《论联合政府》的书面政治报告,参与了热烈的讨论。"党的七大很重要的意义,就是确立毛泽东思想为党的指导思想并写入党章。作为七大的见证人,我感到非常自豪。"杨泽江这样回忆"七大"召开的情景。"七大"前后,杨泽江在延安学习生活了近两年。

领导建设新海南

1949年5月,按照上级组织安排,杨泽江从华北南下江西,担任江西省委青年工作委员会书记兼南昌军管会文教接管部副部长、南昌市委委员。1953年初,任华南垦殖总局副局长。同年7月,调任中共海南区党委副书记,1960年10月任第一书记、中国人民解放军海南军区政治委员。当时,海南的建设因各项社会基础的落后在万般艰难中起步,各种急需物资十分匮乏。就是在这种困难的条件下,杨泽江把改变旧海南当作自己的理想和事业,考虑的是如何使海南步入社会主义建设的轨道,心里始终装着250万海南百姓的冷暖。1961年,杨泽江带机关工作人员下乡,在文昌县委食堂吃早餐,喝的是椰子奶稀饭,他称赞味道不错,秘书就让司机买了几个椰子,准备带回去照着县委食堂的样煮稀饭吃。结果司机就托县委办公室主任到县食品厂代买了8个椰子,每个两角五,共花了两元钱。在返回海口的路上,杨泽江发现吉普车上有椰子,就把秘书批评了一路,要求将椰子交给商业部门处理。回到海口后,秘书办的第一件事就是找行政科把椰子给退了。经过这次的"退椰子事件",秘书对杨泽江的原则性有了清楚的了解,后来此类事情再也没有发生过。杨泽江在海南一干就是十多年,那片土地的发展变化,记载了杨泽江在共和国建设初期的奋斗史。

赞颂"七六"爱国护校斗争

1976年12月,杨泽江任中共河北省委常委、副书记,兼保定地委第一书记。1979年兼任河北省农委主任。1985年5月任中共河北省顾问委员会主任。1995年离休。

杨泽江非常关注母校的发展。1979年7月6日,他出席了纪念保定二师"七六"爱国护校斗争47周年大会并讲话。他说,"保师"是一座具有光荣革命历史的学校,"七六"爱国护校斗争,是为了挽救民族危亡、号召抗日、反对国民党投降政策的崇高革命运动。烈士的鲜血写下的历史和烈士们的光辉形象,永远铭刻在我们心中。

17 王之平:共和国开国少将

王之平(1902~1965),原名王如松,字茂臣,河北满城人。1925年加入中国共产主义青年团,同年转入中国共产党。曾在清苑、唐山、北平等地做党的秘密工作。1938年参加八路军。抗日战争时期,参加了百团大战和晋察冀抗日根据地反"扫荡"斗争。解放战争时期,任晋察冀军区第三军分区政治部主任,冀晋军区军政干部学校政治委员,北岳军区前方指挥部组织部部长,察哈尔军区雁北军分区第二政治委员。中华人民共和国成立后,任察哈尔军区政治部主任,华北军区直属政治部主任,北京军区军事法院院长,河北省军区副政委。1955年被授予少将军衔。1920年至1925年,在直隶第二师范学校读书。

恰同学少年,书生意气,挥斥方遒

1902年王之平出生在满城县城东王辛庄一个农村小地主家庭里。1913年考入满城县立第一高小。1916年,17岁的王之平进入满城县立师范学校学习。在县立师范上学期间,由于受到新思想的影响,王之平对社会上的丑恶、黑暗现象深恶痛绝。他得知县议会的一些议员疏于政事,经常打牌赌博,便前去干涉,却被挡在门外,不得入内。无奈之下他找到警察所,竟见到警察也在聚众赌博。气愤难耐下,他组织同学数十人抓住警察,找到满城县的警察局控告。此事在当时的县城轰动一时,王之平因此被校长予以记过一次的处罚。

1920年冬,王之平考入直隶第二师范学校,旧制三轮二级学生,在学校中使用的名字是王如松。1922年12月27日,王之平随同高年级学生组织成立学生自治会。随后,学生自治会的活动遭到校长刘续曾的压制,引发"驱刘"斗争。斗争持续了近三个月,最后刘续曾被撤换。新任校长张敬虞曾留学

王之平

美国哥伦比亚大学,提倡学术自由,允许学生自由阅读课外读物,还从北京请来了一批水平较高的教师,向学生讲授托尔斯泰和高尔基等著名文学家的作品,介绍马克思、恩格斯的共产主义学说。这对王之平的思想启发很大,他开始有意识地阅读进步书刊,如《新青年》《语丝》《独秀文存》《社会科学》和《胡适文存》等。

1924年,王之平参加了进步学生组织的"文学研究会"和"社会科学研究会"。1925年初,王之平加入共青团,同年3月转为共产党员。王之平还在党组织的安排下,与王志远等人筹办"书报贩卖部",秘密销售进步书刊,扩大了党的影响。

"五卅"惨案发生后,保定学生联合会召开各校联席会议,号召各校学生一致罢课,举行游行示威,开展募捐活动。直隶第二师范学校党组织派王之平、王志远作为学校学生代表,与育德中学学生一起组织成立了"保定市五卅惨案后援会"。王之平充分发挥了他的政治宣传和组织才能,领导学生罢课、组织上街游行示威、召开群众大会,声讨英、日帝国主义野蛮屠杀中国工人的罪行,声援上海人民的正义斗争。他组织学生编演了揭露帝国主义罪行的话剧,还宣传组织保定南关码头工人、电灯工人成立乾义面粉公司工会和工人支部,进行宣传和募捐活动,并将捐款寄往上海,帮助遇难同胞家属。

1925年9月,临近毕业前校方将王之平和王志远二人秘密开除。后经多次交涉,才发给了毕业证书。

投身革命即为家,血雨腥风应有涯

毕业后,王之平经过同学的引荐,到清苑县固上小学任教员,继续秘密组织进步师生学习马克思主义书籍和其他进步书刊,发展党员。他同贾辛庄小学教员、共产党员李经文,西藏村共产党员贾荫圣一起,在1926年3月建立了以固上小学为中心的中共东乡支部,任支部书记,该党支部是清苑县历史上第一个党支部。1926年8月,王之平在王辛庄建立了满城县的第一个党组织——中共王辛庄支部,任支部书记。

1934年5月,王之平被叛徒告发,在北京市立第九小学被捕,虽经多次严刑拷打,却始终坚贞不屈,全力保守党的秘密。同年6月,王之平被判刑八年,关押在南京军人监狱。1937年8月下旬,由于国共合作,王之平被释放出狱,进入陕北公学学习。1938年2月,王之平从延安陕北公学第一期结业,先后参加了百团大战和晋察冀抗日根据地反"扫荡"战役的许多战斗。

解放战争时期,王之平历任晋察冀军区第三军分区政治部主任、冀晋军区军政干部学校政委、北岳前方指挥部政治部组织部部长、华北野战军察哈尔军区雁北军区第二政委。参加了石家庄、涞水、察南、绥东、出击冀热察等战役。

集铁证诉日本战犯,伸正义首席检察员

新中国成立后,王之平历任察哈尔军区政治部主任、华北军区直属政治部主任、北京军区直属政治部主任、北京军区军事法院院长。1956年6月9日到19日,最高人民法院特别军事法庭在沈阳审判八名日本战犯,国家检察机关出席法庭的首席检察员便是王之平。他作为公诉人,为审判日本战犯做了大量细致艰苦的工作,仅收集战犯铃木启久所犯各项罪行的证据,就有被害人及家属控诉书 181 件,证人证词 45 件,查询笔录 89 件,调查报告 1 件,照片 38 张等。为保证审判符合法律规定、原则和程序,王之平夜以继日核查事实,查找证据,正是这种超负荷的工作,严重影响了他的身体健康。

1965 年 5 月 29 日,由于在长期的革命斗争中积劳成疾,王之平在北京病逝,终年 63 岁。

18 杨琪良:新中国第一代外交家

杨琪良(1914~2003),河北任丘人。1931 年参加革命工作,1937 年加入中国共产党。战争年代历任河北省人民抗日自卫军第五路军政治部主任、八路军冀中军区独立第四支队政治部主任、八路军一二〇师独立第一旅政治部主任兼晋绥四分区政治部主任、解放军第一军第二师副政委兼政治部主任。1950 年 7 月调入外交部,历任中国驻波兰使馆参赞、外交部总务司司长、驻摩洛哥大使、驻阿尔及利亚大使、驻尼日利亚首任大使、外交部政治部主任、驻葡萄牙首任大使。1930 年考入河北省立第二师范学校。

杨琪良

求学二师，参加革命

1914年2月，杨琪良出生于河北省任丘县（现任丘市）的一个中农家庭。1929年初，进入保定培德中学，插班一年级读书。1930年，考入不收学杂费和伙食费的河北省立第二师范学校。

在二师，杨琪良逐渐对社会政治问题产生了浓厚的兴趣，开始在图书馆从报纸新闻报道的字里行间搜寻苏区的情况、红军的活动，于1930年上半年参加了共产党外围组织"社会科学研究会"。还通过关系买到了几本马列主义经典著作，如《共产党宣言》《国家与革命》《共产主义运动中的"左派"幼稚病》《两种策略》《唯物主义与经验批判主义》等。通过阅读这些经典著作和参加"研究会"的活动，杨琪良获益甚多，懂得了历史发展规律及共产主义必然要战胜资本主义的科学道理，学会了唱《国际歌》。

1931年日寇发动"九一八"事变，大举进攻我国东北。国民党政府采取不抵抗主义，举国义愤，二师共产党组织发起示威游行，并安排杨琪良在队伍前面领头喊口号。同年10月，经共产党员边隆基介绍，杨琪良加入"反帝大同盟"，开始在党的领导下进行有组织的斗争。

1932年5月，国民党省政府停发经费，宣布解散二师。为保存革命力量，党组织决定绝大部分同学暂时疏散回家，只留少数同学坚持护校斗争。边隆基向杨琪良传达了上述决定，要杨琪良暂时回家等候通知。杨琪良回家后正赶上麦收，但不久就传来了"七六"惨案的消息。杨琪良悲痛万分，更加坚定了自己的革命志向。他后来回忆说，自己是"在二师走上了革命道路"①。

军旅倥偬，南征北战

杨琪良没有经济能力继续求学，就当了小学教员。这期间，他结识了不少进步知识青年，经常和他们议论国事，批判"国民党刮民有术、救国无能"，宣传共产党的主张。

1937年"七七"事变后，冀中大清河两岸广大民众抗日情绪高涨，以杨琪良、高万德为首的进步教员和青年学生，团结各乡进步人士，一个月内在周围数十个村庄建立了"抗日救国会"。此时，杨琪良通过与中共保属特委军事委员侯玉田和中央派来的红军干部孟庆山取得联系，经侯玉田介绍加入了中国共产党，并在任丘县东北地区和雄县东南地区组建了"河北人民抗日游击军第5路"，高士一为总指挥，杨琪良任政治部主任。1938年6月，第5路改编为八路军第3纵队兼冀中军区独立第一支队，司令员为高士一，政治部主任为杨琪良。9月，部队改称八路军冀中军区独立第四支队。该部自成立至1939年2月，连续四次粉碎了敌人的"围攻"，转战安国、博野、蠡县、清苑、高阳、任丘、河间、肃宁等地，一度收复雄县、霸县、苏桥等城镇，大小战斗50余次，毙伤俘敌1690人。这样骄人的战绩，与杨琪良在部队中卓有成效的政治工作是分不开的。

---

① 杨琪良：《向我的母校保定二师汇报》，载《师范群英光耀中华》卷八，陕西人民教育出版社，1993年。

1939年3月,部队奉命编入一二○师建制,与红军团七一五团合编为一二○师独立第一旅,杨琪良任政治部主任。之后,在不到五个月的时间里,该旅连续参加了一二○师的三次大战斗——齐会战斗、灵寿陈庄战斗、深县白马庄战斗——即有名的冀中平原歼灭战。独一旅作战顽强、政治工作有力,受到贺龙、关向应两位首长的夸奖。

1940年初,独一旅随一二○师主力调至晋西北地区,杨琪良任第四军分区政治部主任,和兄弟部队一起担负起建设晋西北根据地,保卫黄河、保卫党中央的光荣任务。

1942年,独一旅调至陕甘宁边区绥德警备区,杨琪良兼任警备区政治部主任。这期间,特别值得一提的是杨琪良还是时任绥德地委书记的习仲勋与齐心婚礼的见证人之一。2013年10月,在纪念习仲勋诞辰100周年的时刻,齐心回忆说:"1944年4月28日,在绥德地委后院的一个窑洞里,我和仲勋举行了婚礼。这天上午各方人士来了不少,纷纷向我们表示祝贺。其中有我们的证婚人、抗大总校副校长兼教育长何长工,抗大总校负责人李井泉,独一旅旅长王尚荣,政治部主任杨琪良,绥德专署专员袁任远等。时任绥德地区保安处长、被称为'中国的福尔摩斯'的布鲁同志,还为我和仲勋拍了两张照片留念。婚礼上,我和仲勋及以上几位来宾同桌吃了一餐饭,这在当时的条件下,可算得上是很隆重了。"①

---

① 齐心:《忆仲勋——纪念习仲勋同志100周年诞辰》,《人民日报》2013年10月18日第6版。

国民党发动全面内战后,独一旅同西北野战军兄弟部队一起参加了保卫延安、解放大西北的诸战役,直至解放青海省。1949年1月,独一旅扩编为中国人民解放军第一军第二师,杨琪良任副政委兼政治部主任。该部为解放青海、建设新青海作出了重要贡献。

外交生涯,不辱使命

新中国成立后,在党中央制定的"另起炉灶"的方针下,建立新型的外交工作干部队伍提上了日程。1950年,杨琪良奉命调入外交部工作,成为被周恩来总理称为"文装解放军"的外交队伍的一员。同年首次出国,任驻波兰大使馆政务参赞,参加了接待周总理访波,以及"中波轮船公司"的筹建与管理。在抗美援朝时期,该公司对于打破西方国家的封锁禁运发挥了重要作用。

1955年初,杨琪良调任外交部总务司司长,任职时间六年半。杨琪良上任后的头等任务就是建设各种内外用房,并建立健全一套外交后勤服务机构和制度。当杨琪良作为总务司长第一次列席周恩来总理兼外长召开的外交部党组会时,周恩来总理指示说:"后勤工作必须加强,好好抓一抓,使在国内外工作的同志能够安心、努力地工作。以后来京的外国使馆也越来越多,到时候房子解决不了,你这个总务司长可吃不了兜着走!"在外交部领导下,依靠总务司同志们的共同努力,杨琪良出色地完成了任务,特别是具体负责了钓鱼台国宾馆的建设。1959年钓鱼台国宾馆竣工。周恩来总理视察后说,人家搞的是大建筑,你们搞的是优美怡静的大环境,里里外外精雕细刻，整体上是一座大的森林公园，这么短的时间，不容易呀！陈毅副总理说："这是'第十一大建筑'。"当人们感谢陈老总的夸奖时，陈毅连连摇头，说："不是我在夸奖，这话可是毛主席说的哟！"

1961年7月，杨琪良出任驻摩洛哥王国特命全权大使，在那里工作了六年。1963年12月下旬，周恩来总理在陈毅副总理兼外长陪同下访问了摩洛哥王国，杨琪良参与接待。周恩来总理对他说："要搞好反帝反殖统一战线，摩洛哥王室有反帝反殖的历史，是爱国的。看得出你同王室及其政府的关系搞得好，国王是满意的，这就做对了。"

1969年，杨琪良任中华人民共和国驻阿尔及利亚特命全权大使。在任期间，他批判极"左"思潮，恢复被"左"倾路线破坏的对外政策，收到了很好的效果，得到周恩来总理的肯定。1971年杨琪良担任首任中华人民共和国驻尼日利亚大使。后一度回到外交部任政治部主任，提拔了一批中青年干部。1979年2月8日，中华人民共和国与葡萄牙共和国建交，杨琪良是首任驻葡萄牙大使，他认真贯彻中央对澳门的政策，消除了葡方的疑虑，并鼓励葡方积极发展澳门经济。

心系母校，深情汇报

进入新时期，中央关于干部离退休制度下达后，杨琪良积极响应，于1983年12月卸下公职。离休后，杨琪良任中国人民外交学会理事，还带病主持编写了40余万字的《战争年代的第一军第二师》，写下了《回忆我的青年时代》《冀中军区独四支队发展简史》和《部队建设的一次历史性飞跃——记西北野战军独一旅新式整军运动》等回忆文章。同样,杨琪良也没有忘记培养自己并引领自己走上革命道路的母校——保定二师。他以《向我的母校保定二师汇报》为题,回顾了自己探索救国道路、组建革命军队、从事军队政治工作、勇斗顽敌以及外交工作的光荣的人生历程。2003年9月21日,杨琪良因病在北京逝世,享年89岁。他以为党为民为国的毕生奋斗,向母校交了一份优秀的答卷。

19 梁斌:大地之子 文坛巨匠

梁斌(1914~1996),河北保定蠡县梁庄人。原名梁维周,笔名梁斌、梁文斌、雨花等,当代著名作家。11岁开始离开家乡就读县立高小,参加了反割头税运动,加入了共产主义青年团。1930年,年仅16岁的梁斌考入河北省立第二师范学校学习。1932年,参加"七六"爱国护校斗争。1937年加入中国共产党,曾任蠡县救国会委员、冀中区新世纪剧社社长、游击大队政治委员、湖北襄樊地委宣传部部长、新武汉报社社长、河北省文联副主席、中国作家协会理事等职。梁斌的长篇小说《红旗谱》,被

梁斌

誉为反映民主革命时期中国农民生活和斗争的史诗式作品,并被改编为话剧和电影,译成外文出版。

在二师的学习经历

梁斌为投考二师补习了半年的功课,《难题三百解》都背熟了。1930年,2500人参加考试,二师仅录取了40人,梁斌的成绩是第13名。秋季入学,编入第12班。考入二师后,梁斌参加了曹金月、杨鹤声、王冀农建立的保定反帝大同盟,任共青团小组长。在二师,梁斌读了《毁灭》《夏伯阳》《铁流》《士敏土》等许多进步文学作品,因而立志做一个革命作家、著述家,并开始了写作的尝试。

1931年暑期,张云鹤任二师校长。张云鹤治校开明,学校学术气氛异常活跃,各种社团如雨后春笋般涌现。梁斌参加了文学研究会,在阅读文学作品的同时,还学习了《文学概论》《辩证唯物论》《社会进化史》《政治经济学》《家庭、私有制和国家起源》等社会科学书籍,思想境界进一步提高。

"九一八"事变后,保定二师学生英勇地站在抗日救亡的前列开展斗争。梁斌不仅参加了粉笔队,上大街书写标语,而且参加了动员南大桥码头工人的宣传工作以及南大桥、西郊的"飞行集会"等宣传鼓动工作。在"七六"爱国护校斗争中,梁斌也是护校委员会的一员。之后,梁斌又参加了高(阳)蠡(县)中心县委组织的"高蠡暴动"。暴动失败后,梁斌流亡北京,开始从事文学创作活动,并在《大公报》《世界日报》和《世界晚报》等报刊以"梁斌"为笔名发表短小的作品。1935年发表了描写"高蠡暴动"的第一篇小说《夜之交流》。

梁斌曾经愤慨地说道:"自入团以来,'四一二'反革命政变,是刺在我心上的第一棵荆棘。二师'七六'惨案是刺在我心上的第二棵荆棘。'高蠡暴动'是刺在我心上的第三棵荆棘。自此以后,我下定决心,挥动笔杆做刀枪,同敌人战斗!"

艰苦卓绝的革命历程

1937年春,梁斌投笔从戎,回到自己的家乡,组织救国会,准备武装抗日。1937年加入中国共产党,曾任蠡县救国会委员、冀中区新世纪剧社社长、游击大队政治委员等职。在抗日战争期间,梁斌写戏、拍戏、演戏,带领剧团转战敌后根据地,鼓舞将士斗志,发动民众抗日,还培养农民文艺骨干,开展轰轰烈烈的群众戏剧活动,使1700多个乡村剧团活跃在敌后、活跃在炮火中,成为冀中抗日烽火中一道独特的风景,也创造了世界戏剧史上的奇迹。而梁斌自己,则在紧张、残酷的战争环境中,创作了描写"高蠡暴动"的中篇小说《三个布尔什维克的爸爸》,后来长篇小说《红旗谱》中的朱老忠形象,已在这篇作品中初作勾勒。抗日战争后期,梁斌任蠡县县委宣传部部长、县委副书记。

随着解放战争的节节胜利,梁斌随军南下,到湖北襄樊地区任地委宣传部部长,参加领导该地区农村的减租减息和土地改革,成为"土改"专家。

呕心沥血的文学创作

1952年,湖北省委书记李先念亲自点将,调梁斌担任新武汉报社社长。其间,他开始酝酿《红旗谱》的创作。1953年,中央下达干部休养条令,每个局级干部一年有两个月的假期。梁斌便请假北上，在北京碧云寺正式动笔写作《红旗谱》，两个月时间便拿出了提纲。休假期满，梁斌回到武汉，但心却留在了北方。"为了这部书"他要求回河北老家，他说："我要回到河北去，因为这部书的时代背景，都是在河北省发生的，我要回到故乡去。"几经周折，梁斌终于如愿以偿，挂名到河北省文联，从此专心致志创作《红旗谱》。

他在高阳、蠡县走村串户，访问当年参加革命斗争的老同志，全身心沉浸于创作情境之中。20世纪50年代中期，他先是住在省文联院内的一间小平房里，后来搬到枣胡同的"创作之家"。他每天早晨3点起床，一直写到中午。经常是早饭没顾上吃，赶到食堂吃午饭，结果午饭的时间也错过了，他只好到街上买点吃的。冬天，他常常因写作而忘了给火炉添煤，冻得手脚发麻。最终完成了小说《红旗谱》《播火记》的写作，在全国引起轰动，同时也给梁斌带来荣誉和动力。紧接着，他不顾自己疾病缠身，奋笔耕耘，续写了第三部《烽烟图》。然而，"文革"骤起，费尽几年心血，已修改多遍的《烽烟图》，在多次遭批斗、抄家中于1967年冬不幸丢失，对此，梁斌极其惋惜。1979年4月，保定驻军战士李向前和已复员回乡的尹焕昌同志将自己保存多年、完好无损的《烽烟图》上下两部原稿寄给了光明日报社，后转交给梁斌。丢失12年之久的长篇杰作"完璧归赵"，梁斌又废寝忘食，反复推敲修改，于1981年将《烽烟图》出版，至此《红旗谱》三部曲完美封笔。

《红旗谱》是一部描绘农民革命斗争的壮丽史诗，是"五四"以来反映农民问题的小说中一个集大成者。茅盾、郭沫若、周扬、田汉等都曾高度评价这部作品的历史地位和现实意义。《红旗谱》成为中国共产党在国际交流中送出的第一份礼物。当时中国共产党和朝鲜方面交流，朝鲜送了我们一本《共产党员》，我们回赠了一本《红旗谱》。这部长篇小说在海内外产生了广泛影响，已被编入20世纪《百年百种优秀中国文学图书》。

梁斌的文学世界宽广丰厚。他的写作涉及众多体裁，小说、诗歌、杂文、传记文学、文学剧本和翻译文学，都有精品力作。除了《红旗谱》，梁斌比较有影响的作品还有长篇小说《翻身记事》，作品集《笔耕余录》《春潮集》《一个小说家的自述》和《父亲》等。

梁斌作品《红旗谱》《播火记》《烽烟图》

造诣精深的书画艺术

梁斌从小酷爱绘画艺术，曾经接受过比较专业的训练，书法临摹柳公权，西洋画法中研习水彩画和铅笔画，能够兼收并蓄，其绘画作品在家乡颇有名气。他的画毫无功利目的性，完全是真情实感的倾注，画风独树一帜，被画坛誉为革命的新文人画。梁斌的堂弟黄胄（本姓梁，名淦堂）在《梁斌画集》的序言中曾这样评价这位堂兄的作品："梁斌的画，是文人画，一种革命的文人画。但他的画却没有扬州画派那种高古荒寒，梁斌的画和文学创作一样，充满激情、希望和生机。"梁斌的画描绘的多是自己家乡和革命记忆中的风物，并形成了自己的风格。不论字与画，在梁斌笔下均大气磅礴，激情满纸，令人精神振奋。梁斌创造了属于自己的绘画语言和意象，书画艺术达到了极高的境界，其书画作品成为宝贵的文化遗产。

深切绵长的母校情结

梁斌对母校保定二师的挚爱，随着岁月的流逝而日益醇厚深长。除了把母校和"七六"爱国护校斗争写入了红色经典《红旗谱》之外，梁斌在改革开放后数度回访母校，一直关注着母校的发展。1979年7月，中共保定地委、保定地区行署召开纪念"七六"烈士大会。梁斌与中共河北省委书记林铁等省、地、市领导和老校友杨士杰、臧伯平、朱韬、杨泽江、高鹏先等一起出席会议。1989年4月，全国人大教科文卫委员会主任张承先到校视察，梁斌和老校友铁瑛、杨泽江同行并为母校题词："浩然正气"。1990年11月6日，梁斌又为母校校刊题写了刊名。1993年冬，梁斌作画"果实累累"赠送母校，表达了对母校办学成就的高度赞扬。

20 师昌绪：中国材料科学泰斗、高温合金之父

师昌绪（1920～　），河北徐水人。金属学家，材料科学家。中国高温合金开拓者之一，率先开发了中国第一个铁基高温合金，领导开发了我国第一代空心气冷铸造镍基高温合金涡轮叶片，可用作耐热、低温材料和无磁铁锰铝系奥氏体钢等，具有开创性。1945年毕业于西北工学院矿冶系。

师昌绪

1952年获美国欧特丹大学冶金博士学位。1980年当选为中国科学院院士，1994年当选为中国工程院院士，1995年当选为第三世界科学院院士。历任中国科学院金属研究所所长、技术科学部主任，国家自然科学基金委员会副主任，中国工程院副院长。现为国家自然科学基金委员会特邀顾问，中国材料研究学会名誉理事长，中国生物材料委员会主席，国家科技图书文献中心理事长，两院资深院士联谊会会长。曾获国家自然科学奖、国家科技进步奖近10项以及何梁何利科技进步奖、光华工程科技成就奖、国际实用材料创新奖，2010年荣获国家最高科学技术奖。1934年暑期，考入河北省立第二师范学校第六级读书。

就读二师,影响一生

2010年,老校友师昌绪荣获国家最高科学技术奖,胡锦涛主席为他颁奖

1920年11月15日,师昌绪出生于河北省徐水县大营村的一个"忠厚传家久,诗书继世长"的大家庭。伯祖父是前清进士,父亲是前清秀才。在十二个叔伯兄弟中,师昌绪排行第七。"九一八"事变时,师昌绪进入县立第一高小读书。随后,热河沦陷,日军入侵河北。此时的师昌绪开始关心国家大事。师昌绪说,他曾下乡宣传抗日,并希望国民政府派兵北上抗日。

小学毕业后,师昌绪考入河北省立保定师范学校读书。据他回忆,保定二师虽然属于中学段的教育层次,但却名师济济,加上严密的教学管理制度,学风正派,训练有方,教学水准高,入学门槛很高,在河北省当时大概是最难考的一所学校。师昌绪曾说:"在我整个的这一生中,二师对我的影响应该说是最大的一部分。这并不是夸大,因为那时正是我的世界观和人生观开始形成的时期。在保定师范那几年的生活,虽然在物质上是艰苦的,但是在思想上、学业上收获很大。"

他把在保定二师的收获归纳为三个方面:"一是爱国。保定二师有很好的爱国主义传统,那时的中国受外国欺辱太深,日寇已经打到了我们的家门口,这样的学校教育和时局,使我们这一代人的爱国情结根深蒂固。作为一个中国人,就要对中国作出贡献,使中国强盛、强大,这是根本的思想,是人生的第一要义。这个思想,对我后来的人生抉择影响很大。二是学业。当时保定二师属于基础教育层次,基础教育的重要性就在基础两个字,基础不牢,就不好说使一个人的知识结构朝着高层次和尖端累积。我在二师学到的文化科学知识恰恰为我以后在科学上的进一步学习和研究打下了深厚的基础。三是劳动。保定二师当时实行的是劳动教育,学生真正下地干活,每周四个半天,我学会了育种、给梨树剪枝、耕地。热爱劳动是一种做人的品德,劳动教育是塑造人的品德的有效途径。我后来在生活和科学研究中坚持的一些原则,就是得益于这一时期劳动教育的熏陶。在保定二师读书的三年,是我人生最关键的一段时光,培养了我'爱国、务实的人生观',这也是我一生的一个亮点。"[①]

异国深造,志在报国

师昌绪到保定二师读书,本希望毕业后当高小老师,因为高小老师"社会地位高,每月30块大洋,足够养家糊口"。然而,日寇全面侵华,师昌绪的梦想破灭了,"也改变了整个人生道路"。日军很快逼近保定,师昌绪步行南下石家庄,再到河

[①] 参见师昌绪《回忆与希望》,《保定学院学报》2009年第6期。

南。进入豫西国立一中学习。该校学生中多数是平津冀等省市的流亡学生,他是其中的一名活跃分子,积极参加军训和下乡宣传抗日活动。中学毕业后,1941年,师昌绪考入国立西北工学院矿冶系。大学毕业那年,师昌绪是全校5名"林森奖学金"获得者之一,被保送到资源委员会四川綦江电化冶炼厂。1947年,参与敌占区工厂接收,转到鞍山钢铁有限公司工作。

1948年8月,师昌绪利用两年前取得的出国资格赴美留学,先后在密苏里大学矿冶学院和欧特丹大学获得硕士和博士学位。攻读博士期间,祖国正在发生着天翻地覆的变化。1949年10月,中华人民共和国成立。之后不久,师昌绪收到了国内北洋大学的聘书,打算学业结束后回国任教。然而,一场战争差点让他的回国梦破灭。1950年朝鲜战争爆发。1951年9月,美国司法部禁止学习理工医学科的中国留学生离开美国回国。在这种情况下,师昌绪只好进入麻省理工学院,在著名金属学家科恩(Morris Cohen)教授指导下从事研究工作,同时积极寻求回国的途径。他说:"在麻省理工学院的三年,可以说是争取回国的三年。"在波士顿马宝路457号,师昌绪和另外两个同学买了滚筒油印机,秘密印制写给美国当局和联合国的两千多封信。后来他们又组织有志回国的留学生联名致信周恩来总理,表达要求回国的强烈愿望,把他们被美国扣留的情况报告给祖国。这封信由他送往印度驻美大使馆转交国内,成为中国政府在1954年5月日内瓦会议上抗议美国无理阻挠中国留学生回国的证据。后经中美大使级华沙会议,为中国留美学生回国打开了大门。1955年春,美国公布了76位中国留学生回国名单,师昌绪名列其中。回国前,导师科恩问师昌绪:为什么回国?是不是嫌工资少,还是地位低?师昌绪回答说:在美国像我这样的人多得很,在中国像我这样的人却很少,我是中国人,中国需要我!1955年6月,师昌绪回到了祖国。

材料研究,硕果累累

师昌绪回国后,长期在中国科学院金属研究所工作,致力于材料科学研究与工程应用工作。

师昌绪在国内率先开展了高温合金及新型合金钢等材料的研究与开发。高温合金是航空发动机的核心材料。20世纪60年代,我国战机发动机急需高性能的高温合金叶片,他率队研制的铸造九孔高温合金涡轮叶片,解决了一系列技术难题,使我国航空发动机涡轮叶片由锻造到铸造、由实心到空心迈上两个新台阶,成为继美国之后第二个自主开发这一关键材料技术的国家。迄今为止,该技术已大量应用于我国战机发动机。他在金属凝固理论方面发展了低偏析合金技术,通过有效控制微量元素降低合金凝固偏析。他还根据我国资源情况开发出多种节约镍铬的合金钢,解决了当时我国工业所需。

师昌绪组建了中科院金属腐蚀与防护研究所,领导建立了全国自然环境腐蚀站网,为我国材料研究与工程应用提供了大量基础性数据。他大力提倡传统材料与新材料研究、基础研究与应用研究并重,促进了我国材料研究的可持续发展。他推动了我国材料疲劳与断裂、非晶纳米晶等学科的发展。他提出我国应大力发展镁合金,倡导并参与我国高强碳纤维的研发应用。

师昌绪还是一位战略科学家。他积极投入科技管理与科技政策研究,对国家科技政策的制定及科技机构的设置和发展作出了突出贡献。他倡导并参与主持了中国工程院的建立,多次主持起草全国材料领域发展规划。他十分重视学会和出版工作,创建了"中国材料研究学会"和"中国生物材料委员会",创办或主编了《材料科学技术学报》(英文)、《自然科学进展》(中英文)、《金属学报》(中英文)等5种高水平专业学术期刊。师昌绪培养了80多位硕士生和博士生,他们当中多人已成为材料科学技术领域的学术带头人。

师昌绪在国际材料科学领域享有很高声誉,多次担任国际材料领域学术会议主席或顾问。由于他在材料领域的成就,美国矿物、金属与材料学会(TMS)授予他荣誉会员称号。

关心母校,寄寓深情

无论是在抗战初期的流亡途中,还是在异国他乡求学深造,亦或是在从事他挚爱的科学研究事业的过程中,师昌绪都念念不忘自己的母校保定二师。

2009年,在母校改建保定学院、开始本科层次办学两年之际,师昌绪热情撰文《回忆与希望》,回顾自己年轻时代在保定二师读书生活的经历和丰厚收获,对母校的办学方向和发展提出了中肯的建议与希望,他说:"我热爱母校,我为曾经在这里读书感到骄傲。我希望母校保持并发扬自己的优良传统,在新的时代有更好更快的发展。"

师昌绪荣获2010年国家最高科学技术奖之后,接到母校贺信,又欣然为母校题词:"百余载桃李芬芳,新时代再创辉煌。"

2012年,保定学院举行系列活动纪念"七六"爱国护校斗争80周年。师昌绪由于年事已高，不能亲自参加纪念活动，特驰信以志。他在信中说：希望母校保持并发扬以"七六"精神为代表的优良传统，"在新的时代有更好更快的发展"！

2014年1月15日，《光明日报》在头版显要位置刊发了题为《安放西部的青春与梦想——保定学院近百名毕业生扎根边疆教书育人》的通讯。已逾耄耋之年的师昌绪看到报道后，热情致信西部支教优秀群体的同学们："看了你们扎根边疆教书育人的事迹，很感动。……希望你们年轻一代继续努力，服务祖国，奉献人民，用实际行动为实现中国梦作出新的更大贡献。"

21 郭晓岚：世界著名气象学家 大气动力学的一代宗师

郭晓岚（1915～2006），河北省满城县人，美籍华人，世界著名气象学家、大气动力学的一代宗师。美国气象学会最高荣誉奖——罗斯比（Carl-Gustaf Rossby）研究奖章获得者，美国气象协会（American Meteorological Society）院士，中国台湾"中央研究院"院士。1929～1932年就读于河北省立第二师范学校。

郭晓岚

一心向学，孜孜不倦

1915年2月7日，郭晓岚出生于河北省满城县张辛庄村。幼年时家境贫寒，高小毕业后辍学回家参加农业劳动。1929年暑期以优异成绩考入河北省立第二师范学校读书，深受爱国、进步思想的影响，树立了奋发图强、为中国人争气的志向，如饥似渴地学习学校开设的各科课程，受到了初步的科学训练，特别是培养了对数学、中国古典文学和中国历史的兴趣，为以后的科学研究事业打下了坚实的基础。1932年，郭晓岚考入清华大学数学系，次年转入清华大学地球物理系。1937年于清华大学毕业，获得学士学位。同年就读于国立浙江大学，师从中国气象学宗师竺可桢先生、涂长望先生。其后，在南京中央研究院气象研究所（北极阁）工作，著作甚丰，于1942年获硕士学位。1945年，郭晓岚与杨振宁、何炳棣、黄茂光、张炳熹等22人考取清华大学第六届留美公费生赴美留学，就读于芝加哥大学，师从芝加哥大学气象学派创始人、国际气象学泰斗罗斯比教授（Carl-Gustaf Rossby），1948年获地球物理学博士。后在麻省理工学院飓风研究中心担任高级研究员，并升任中心主任。1962年，回芝加哥大学任教，担任地球物理学教授。他学识渊博，成绩卓著，在气象学诸多领域取得了创造性的科学研究成果，成为大气动力学中诸多理论研究的开创者和当之无愧的现代气象学的奠基人之一。于1970年获美国气象学会最高荣誉奖——罗斯比研究奖章。

学界翘楚，建树凌云

郭晓岚对大气动力学方面的贡献，包括大气不稳定理论，大气环流形成和大尺度热力环流理论，中尺度对流动力学和涡旋动力学理论，低纬和热带动力学理论以及地气相互作用动力学理论等。

关于大气不稳定理论，郭晓岚研究了"正压大气中两维无辐散流的动力不稳定"，指出当强西风气流随纬度变化时，沿强西风运动且相速度在西风最大和最小速度之间的普通波长的波动和气旋波可能会发生不稳定。在"热带大尺度扰动的不稳定理论"研究中，解释了热带对流层和低层平流层中探测到的几种大尺度波动的存在原因。

凭借深厚的数学功底，郭晓岚在大气环流形成和大尺度热力环流领域的研究也是成果斐然，接连发表了多篇高水平论文，揭示了东西风带、大尺度槽脊系统和平均经圈环流等的形成原因及其与涡度和动量的涡动输送、摩擦耗散、垂直风切变和温度层结等影响因子的关系。为了研究地面日变化加热作用造成的低层大气中对流的发展过程，郭晓岚提出了一个非线性数值模式。结果表明，在通常存在的高层稳定层结和相对强的对流活动作用下，总会形成三个相互隔离的垂直层次，即超绝热地面薄层、混合层和薄逆温层。与观测资料比较后发现，模拟结果与实测资料符合度很高。

关于低纬和热带动力学的研究，郭晓岚提出了热带ITCZ形成的非线性理论。他还很早就注意到地表面附近显著的气象场日变化现象，利用一个修正的热传导模式，通过方程求解，研究了以日变化热量波动形式表现出来的大气和下垫面之间的热力相互作用，不但解决了一个长期困扰学术界的问题，并且为日变化在地表面向大气的通量输送中的作用提供了理论根据,成为数值模式中必须考虑日变化的理由。

郭晓岚对数值模式中物理过程参数化的最大贡献,莫过于积云对流的参数化。他的积云对流参数化方案曾被广泛地用于各种尺度的大气数值模式,尤其是在中期天气预报和大气环流模式中,被称为 Kuo(郭)方案。随后,有不少学者根据 Kuo 方案的原理设计出不少修正的 Kuo 方案。至今,Kuo 方案仍在一些数值模式中使用。此参数化方法由他本人首先成功地用于飓风形成问题的研究。

郭晓岚不仅是一位杰出的理论气象学家,而且对建立天气气候和大气环流数值模式模拟青藏高原的天气气候效应,也非常有兴趣。他的关于青藏高原等大地形的动力和热力作用,尤其是太阳辐射日变化对天气气候影响的数值模拟研究,具有首创性。

心系祖国,风范长存

郭晓岚于 1985 年退休,但仍致力于气象科学研究而不辍,并且在 ENSO 长期振荡、地转适应过程和 Walker2Hadley 环流与 ITCZ 的形成机制等方面作出了新的理论贡献。2006 年 5 月 6 日,郭晓岚在芝加哥逝世,享年 91 岁。

郭晓岚逝世后,美国芝加哥大学新闻办公室发布长篇文告,给予他极高评价。文告指出,郭先生从二战时期的中国漂洋过海来到美国,以很少的奖学金在芝加哥大学攻读学位。但是,仅仅几年的时间,他就在学术界崭露头角,且一直保持重要影响。他的研究成果是动力气象学许多分支中的重要理论基础之一。他推广了瑞利（Rayleigh）爵士的工作，在数学上导出了大气和海洋中平滑基流转变为不稳定扰动的必要条件，被称为瑞利—郭晓岚原理（Rayleigh-Kuo Theorem），在气象界久负盛名。

郭晓岚不仅是一位国际著名的学者，也是一位爱国者。他十分关心祖国气象事业的发展和人才的培养。在临退休前的五六年中，培养了朱伯承博士，指导了数位来自祖国的访问学者。他于1973年、1979年、1985年和1992年先后四次应中国科学院邀请回国讲学或参加学术会议。在1979年北京讲学期间，他为研究生授课，其讲稿后经朱伯承整理和他本人校订，由江苏科学技术出版社以《大气动力学》为书名出版，简洁明了且严谨地阐释了大气动力学中的许多基本理论问题，其中在涡动理论中提出的广义郭晓岚位涡方程及其简化形式的应用，在众多的位涡方程形式中很有特色。该书成为气象、海洋研究人员以及高校专业教师学习研究的重要参考。1985年3月，由中国气象学会动力气象及数值天气预报专业委员会组织的"全国大气环流及异常问题学术讨论会"在桂林召开，郭晓岚应邀与会，共商祖国气象现代化的大计。会议期间，在谈到此次学术讨论会时，他兴奋而自豪地说，我们中国人勤奋、聪明，近几年来，中国气象学者在大气环流的理论研究方面做了大量工作，一些方面已达到了世界先进水平。特别令人欣慰的是，在这次学术讨论会上已涌现出一批杰出的中青年气象学家，比前两次回国所看到的论文水平有了很大的提高。

郭晓岚对学业的态度和对事业的追求，成为母校青年学子们学习的楷模。

22 丁浩川："一代师表"

丁浩川

丁浩川（1909～1961），又名丁广河，笔名光和、君达、阿秀。1909年出生于河北省完县（今顺平县）东显阳村一个贫苦农民家庭。丁浩川自幼好学，高小毕业后，1923年以优异成绩考入直隶第二师范学校。在二师，丁浩川开始接触"五四"新文化，大量阅读了恽代英、萧楚女主编的团刊《中国青年》和杨贤江主编的《学生杂志》，受到启蒙教育，开始懂得了一些革命道理。1925年秋天，他加入了中国共产主义青年团，因多次积极参加党领导的学生运动，1928年冬被学校开除。19岁的丁浩川在党的教育和影响下，于1929～1932年，先后在河北省冀县、蠡县等地当小学教师。在他的教育和影响下，学生中有很多人后来都加入了革命队伍。《红旗谱》的作者、作家梁斌就曾写文章回忆丁老师对他的教育和影响。

1933年，丁浩川在北平参加了左翼作家联盟。8月因参加"左联"组织的游行示威（营救上海被捕的五位作家）、散发传单、贴标语等活动被捕。狱中生活使他加深了对国民党反动本质的认识，更加坚定了革命信念。1936年春，丁浩川出狱后即秘密加入中国共产党，并按党的指派去山东临清第三民众教育辅导区从事民众教育，积极开展抗日救亡宣传工作。同年10月，他接管了由前临清县民教馆编辑的《临清日报》，担任主编。为了进一步扩大宣传，他立即着手扩大报纸的副刊篇幅，将《临清日报》由原来的两个版面扩大为四个版面，增聘了编辑。为了培养新生革命力量，丁浩川经常为临清小学教师训练班讲课，亲自编写教材。

1936年底，为了弄清西安事变真相，丁浩川冒着被捕的危险重返北平，不久便从北平带回了美国进步女作家史沫特莱撰写的长篇通信集《中国的战歌》、埃德加·斯诺的《西行漫记》以及《论抗日民族统一战线政策》等书，这些书对于正确认识全国革命形势具有重要作用。

抗日战争爆发后，丁浩川编写了《政治常识》课本和关于游击战略战术的小册子，配合鲁西区的抗日游击战争。并经八路军驻西安办事处介绍去山西临汾加入中华民族解放先锋队，任总部宣传部部长，主编机关报《战斗青年》。

1938年11月到达延安，在西北青年救国会领导下主编《西北战地青年》，历任中共中央青年工作委员会宣传部编审科科长、陕甘宁边区教育厅副厅长、解放日报社通讯采访部部长等职。

抗日战争胜利后，丁浩川重返教育岗位，先后担任华北联合大学教育学院副院长、华北大学第二部副主任和教育系主任，协助校长吴玉章和副校长范文澜、成仿吾培训了大批青年干部。新中国成立后,丁浩川于1950年春调北京师范大学工作,先后担任北京师范大学党总支书记、副教务长、教务长等职。1955年秋又奉调东北师范大学工作,先后任副校长、代校长,兼任中国科学院吉林分院副院长等职。丁浩川身体一直不太好,但他总是忘我工作,终因长期过度劳累,于1961年9月7日病逝,时年53岁。

丁浩川从事教育工作30多年,为国家培养了大批建设人才。其延安时的老战友、著名马克思主义理论家胡乔木曾以"一代师表"的题词评价丁浩川毕生献身于革命教育事业的光辉业绩和高风亮节。

23 刘泽如:从战士到教育家

刘泽如(1897~1986),原名刘澄青,字潴哲,又名易华、玉莹(荣),1897年出生于河北省束鹿县西良马村一户贫苦农民家庭。幼年不幸丧父,靠母亲给人纺线织布、缝缝补补的微薄收入艰难度日,断断续续上完了初小,1912年考入县立高级小学。1915年高小毕业后,从小就笃定想做教师的刘泽如在家乡应聘了小学

刘泽如

教员，但他又以优异成绩考入直隶第二师范学校。在二师期间，他认识到要想让国家富强，就必须提高广大人民的受教育程度，要发展教育，就必须重视师范教育。刘泽如生怕将来自己做了教师会误人子弟，从入学第一天起就拼命读书，是学生中最用功的一个。他从此与教师职业结下了不解之缘，一干就是60个春秋，自觉地、心甘情愿地把师范教育工作作为毕生奋斗的职业。

1922年春，刘泽如告别了故乡和母校，只身来到北京。他写信给北京大学，要求半工半读，并寄去自己撰写的论文。北京大学校长、著名教育家蔡元培看了刘泽如的信件和论文后，立即和他见面，并决定安排他在北京大学研究部门工作。在北京大学十年间，刘泽如满腔热情地追求真理，学习革命思想。刚到北大，由于研究的需要，他常去图书馆，有机会和任图书馆主任（馆长）的李大钊先生相识。李大钊对他提出的问题，总是诚恳耐心地畅谈自己的看法，并多次向他推荐有关马克思主义的书刊，使他萌发了参加革命的想法。

20世纪20年代后期至30年代初期，刘泽如先后结识了一些进步青年，参与了一系列革命活动。1930年以后，在北京从事中共地下活动的武光，长期和刘泽如同处一室。胡乔木等人也曾多次来到刘泽如的住处，一起研究理论问题，交谈革命工作，这都给刘泽如的思想以重大影响。1931年刘泽如提出入党申请，经河北省委书记冯振中介绍，于1932年8月加入了中国共产党。

刘泽如入党后，接受党组织的派遣，于1932年9月离开北京大学，历任华北劳动教育者联盟组织部部长，中共河北束鹿等三县区区委书记，中共山东省委组织部部长等职务。随后他主持中共山东临时省委工作。1933年7月，由于叛徒出卖，刘泽如在山东济南被捕入狱。在敌人的严刑拷打面前，他坚贞不屈，始终保守党的机密。他和狱友一起通过绝食、反虐待、拒绝发表"出狱宣言"、要求发表"抗日宣言"等多种斗争，迫使敌人改善了监狱的生活条件，鼓舞了广大狱中革命者斗争必胜的坚强信心。

西安事变后，国共第二次合作。经党组织营救，刘泽如于1937年11月出狱。党组织考虑到他身体受到摧残，健康状况恶化等情况，安排他去陕甘宁边区"抗日后援会"工作。1938年11月，身体复原后的刘泽如被派往河南洛阳八路军办事处任秘书。1939年5月，刘少奇同志从华中局回延安途经洛阳，在办事处作短暂停留，与刘泽如进行了交谈。当他得知刘泽如在心理学的理论研究方面有独到见解和较高的造诣后，当即表示党组织一定要给予积极支持。同年9月，党中央即调刘泽如到延安马列主义学院编译部做研究工作，并从图书资料等方面给他创造了较好的工作条件。党组织和刘少奇同志的关怀和支持，激发了刘泽如旺盛的工作热忱。他不遗余力地钻研马列主义理论，不到两年时间，就撰写了近4万字的《神经系统怎样运动——机械的还是辩证的》和近7万字的《神经生理的矛盾运动和意识反映的矛盾过程》等多篇重要论文，为以后的研究工作奠定了坚实的基础。

1941年5月，随着边区教育事业的发展，刘泽如被调往陕北公学任师范部主任。同年9月，被任命为延安大学教育学院院长。1944年12月，又被调往陕甘宁边区陇东中学任校长，1946年，胡宗南大举进攻陕甘宁边区时，他带领全校师生员工随军转战陕甘宁晋绥五省区。1947年春，延安收复后，刘泽如又调回延安大学任教育系主任。

1949年5月，西安解放。刘泽如受党中央派遣，由延安赶赴西安，在西北军政委员会的领导下，以军代表身份接管陕西省立师范专科学校，并参与西北大学等校的接管工作。同年秋，陕西省立师专并入西北大学，并与原西北大学文学院教育系合组西北大学师范学院，刘泽如任教授兼教育系主任和中共西北大学党支部书记。1951年1月，中央人民政府教育部正式任命他为西北大学师范学院院长。1952年，西北大学师范学院独立建制。1954年8月，更名为西安师范学院，刘泽如被任命为该院党委书记兼院长。1960年，西安师范学院与陕西师范学院合并成立陕西师范大学，刘泽如又被任命为该校党委书记兼校长。1976年，刘泽如因年事已高退居二线，任陕西师范大学顾问。

刘泽如在担任高等师范院校党政领导职务的同时，长期坚守在教学工作、师资培训工作和学术接班人培养工作的第一线。20世纪80年代，他已年逾八旬，但在领导和担任培养心理学研究生的工作中，仍然认真负责，一丝不苟。同时，他继续从事坚持以马列主义理论为指南的心理学、教育学研究工作，数十年如一日，从未间断。1986年，刘泽如因病医治无效与世长辞，终年90岁。

24 王企贤、缪玉田：学高为师 身正为范

北京第一实验小学，是一所有着百年历史的名校。百年来，她吸纳世界最新学理加以试验，为全国小学改进之先导。据北京实验一小官网介绍，学校以"学高为师、身正为范、德才兼备、方为师表"

王企贤

为择师根本，在1955年之前，学校教师大多从著名的天津第一师范和保定第二师范的毕业生中选聘，汇聚了一批大师级教师，可谓名师云集，星光熠熠。直隶第二师范学校毕业生、享誉教坛的语文特级教师王企贤、数学特级教师缪玉田就位列其中。

名校高徒，德才兼备

王企贤、缪玉田在直隶第二师范学校（以下简称保定二师）求学时，保定二师是五年制完全科师范。学校宗旨明确，措施得力，以文科为主，教学条件先进，算学有专用教室，室内四周有黑板，上课时可十几个人同时在黑板上演算，以"评运算之理，并使熟于速算"。理化仪器以及动植物、矿物标本和挂图齐全先进，学生都要亲自动手做实验。重视体育、音乐、美术、劳作（手工）四门功课的教学。注重习字课，列为专科，并设有习字室。要求学生习字"六忌"：忌草率、

忌软弱、忌欹斜、忌不洁、忌松散、忌奇怪。学校勤俭办学，管理有方。除重视体育教学培养学生强健的体魄外，还注重学生吃苦耐劳精神的培养，举凡一切扫除、清洁、农作、夜间守卫，均有学生为之，因此学生自立性、适应性很强。保定二师治学严谨，突出师范特性，重视能力培养。在教学上，严格课堂教学，勤于考查绩效，重视教学见习、实习环节，形成了一套行之有效的教育实习方法：在实习之前先在附属小学参观一周，问难质疑，具体研究教授、管理、训练等法，待学生逐渐进入境界时，再令其实习，效果甚佳。学生毕业之前，还要去京津或南方等外地参观，以广见闻，提高见识。因此，学生的教学与管理能力较强，毕业生质量很高，深受教育界和社会的好评。缪玉田、王企贤正是在这样的教育教学环境中度过了五年的师范学习生活，打下了全面而又扎实的教育教学基础。王企贤回忆当年的求学生活，曾赞誉时任校长的刘续曾："刘校长创办二师，真是繁霜尽是心头血，洒向千峰秋叶丹。"

"启发式教学的典范"

王企贤，1906年3月生，河北高阳县人。1922年考入直隶第二师范学校，是旧制三轮五级学生，1927年毕业。他从教60多年，先后在北京市府学胡同小学、原国立京师大学堂附属小学校（现北京第一实验小学）任教师、副校长。被评为新中国第一批特级教师、北京市模范教育工作者、北京市劳动模范、全国文教系统先进工作者和《北京日报》人民教师金盾奖，曾出席全国文教群英会。还曾先后受到党和国家领导人毛泽东、刘少奇、邓小平、陈云、江泽民、李鹏的接见。

1959年加入中国共产党，1979年7月加入中国民主促进会，曾任北京市政协常委、市人大代表。著有《王企贤教学生涯六十年》。

王企贤是位知识渊博、有独特教学风格的小学语文教师，讲课语言幽默、生动形象，深得学生的欢迎和喜爱。他曾说，我总认为教师、学生、教学质量这三者，如果用数学公式表示，在一定意义上说应该是这样：教师的积极性＋学生的积极性＝教学质量的提高。王企贤在作文教学中从不束缚学生的思路，同时出几个题目供学生自由选择；有时让学生自主命题自选文体，写自己熟悉的生活，大胆想象，在文海里自由驰骋。他还特别注重培养学生的自学能力和自我教育能力，为了丰富学生的语文知识，提倡课外阅读，增加活页文选，自选、自刻、自印，发给学生阅读欣赏。由于杰出的教学成就，王企贤曾为北京市、区及外省市教师做过无数次大型语文公开课，为天津、大连、延安等全国16个城市介绍过语文教学经验。20世纪50年代，王企贤还受教育部和华侨事务委员会委派，赴越南交流经验。当时，被苏联专家钦佩地赞誉为"启发式教学的典范"。

"爱你所从事的事业，爱你所教的学生"

王企贤热爱教育事业，热爱学生。有人向王企贤取经，他回答说："要说有什么经验嘛，也很简单，只有一个字，就是爱"，"教师不只是一种职业，更是一项事业"。在传授知识的同时，王企贤十分重视学生的道德教育。他说，一个人道德品质的形成，小学阶段很重要，一定要把道德品质教育放在学校一切工作的首位。他有个学生在一所学校搞了一辈子校务工作，工作勤恳，退休后在给王老师的信中说，他工作努力上进，做得正行得端，没有利用工作之便贪污过一分钱，因为他一直记着王老师给过他的教育。还有一名在法国获得博士学位的学生，在其论文前言中提到两位恩师：一位是大学教师，另一位就是自己的小学老师王企贤。他说，小学老师在他的学习过程中虽然只起一个基础作用，但更重要的是，王老师给了他怎么做人的答案，这是他永远受益的。

王企贤为人正派，严谨治学，秉承一种自古不变的为师原则，一生紧紧扣住一个"范"字，无论当教师还是任校长，他都始终以"学高为师，身正为范"为座右铭，恪守师德。在他看来，课堂是神圣的地方，一个老师，一位能做他人范本的人，不仅要有美好的心灵，还应该有良好的仪表。每次走进课堂前，他总要在镜子前端正自己的仪容，把所有扣子扣齐。夏天上课时，汗水常常从衣服中渗出来。有人采访他怎么做好校长时，他脱口而出：要重视身教，身教胜过言教，老师的一言一行，都要成为学生仿效的榜样。他曾讲过一个例子，从前有一名年轻女教师，在班上给学生讲要艰苦朴素，可她自己穿戴却过分修饰，描眉化鬓，衣着奇特，在扫除时，学生故意往她的绣鞋上泼水，因为她言行不一，学生不服气。

王企贤常说，作为一名教师，对于知识不光要"输出"，还得"输入"，否则老本吃光了，拿什么教学生？他主张教师必须勤于读书，必须在学校形成浓厚的读书风气。他善于挤时间读书学习,诀窍是"三会儿":早晨早起一会儿,中午少休息一会儿,晚上晚睡一会儿。他秉承"活到老学到老"的宗旨,晚年依旧笔耕不辍,勤于讲学,扶掖新人。作为校长,王企贤十分关心教师的成长,工作中尊重教师劳动。他说,学校的主要工作都是通过教师去做的,没有教师的努力,没有教师的积极性,当校长的肯定一事无成。

第一个用唯物辩证法研究小学数学教学的特级教师

缪玉田,1904年10月出生,河北满城县人。1920年考入直隶第二师范学校,是旧制三轮二级学生。后任北京第一实验小学数学教师,荣获北京市特级教师称号。著有《小学数学教学经验汇编》《培养学生的数学品质》《在教数学知识的同时培养学生的思维能力》《小学数学教学问答》等。

缪玉田

缪玉田师德高尚,勤奋敬业,治学严谨,锐意改革,在长期的教学实践中积累了丰富的教学经验。他是我国第一位用唯物辩证法研究小学数学教学的教师。他认为:"比较是一种有效的智能活动。在数学中运用比较这一思维方法可以调动学生积极思考问题,自觉主动地去获取知识。通过比较可以使学生对容易混淆的事物找出它们的区别和联系,建立起确切的科学概念。"其教学特点包括:注意运用辩证唯物主义的观点，阐明教学知识的基本规律，分析讲解知识内容；提倡数学教学不仅要教给学生有关的数学知识和运算技能，还要通过数学知识的教学，培养学生树立辩证唯物主义的观点，以提高学生认识问题、分析问题、解决问题的能力；在课堂教学中，善于根据数学知识的规律，把有内在联系的新旧知识紧密结合起来，使学生融会贯通。

缪玉田一生都工作在教学第一线，他热爱数学教学，知识渊博，教学方法生动活泼，师生关系和谐融洽。他有句名言，"教师有两件法宝，一是扇子，二是帽子"，扇子用来扇动孩子的那颗希望之心，而帽子是让孩子们感受成功的最好道具，恰当地使用它们，就能使孩子们扯起理想的风帆，驶向成功的彼岸。

缪玉田德高望重，诲人不倦，曾多次应邀到外省市讲学，并经常为北京市、区兄弟学校传经送宝。北京教科院基础教育研究中心数学特级教师吴正宪的教学，被誉为"爱与美的旋律"，而吴正宪正是缪玉田悉心指导的徒弟。据她回忆，缪老谈起小学数学教学，总有说不完的话，古今中外名题、趣题、难题记得特别多，谁有解不了的难题都喜欢向他请教。北京实验一小一位老师讲过这样一件小事：一天下午他正在办公室里看《古文观止》，年近八旬的缪玉田老师走了进来，问他在钻研什么，当知道是在研读《古文观止》时，缪老笑着用手把书合上说，这里面的文章他都能背。几分钟后，当这位老师亲耳听到缪老关于《阿房宫赋》《醉翁亭记》的背诵时，很是佩服，就问缪老是什么时候读的,缪老若有所思地回答:上高小、初中和师范时读的,年轻时学会的东西,一辈子也忘不了。这个老师把这件事当成缪玉田对他的用心指点,认为在他身边当徒弟是一件很幸福的事情。

关于葡萄的感恩故事

北京实验一小的院子里曾经种着一架茂盛的葡萄,长长的葡萄架几乎贯穿整个中院。等到果实成熟的时候,老师们就会给学生分葡萄。每个学生都能分到很小的一串,虽然数量不多,但那是学生最爱的美味。有的孩子很珍惜地将葡萄装在小水碗里,拿回家与父母分享。20世纪80年代秋季的一天,已经退休的缪玉田却收到了孩子们送来的一捧葡萄。那是学生们从自己分到的葡萄中每人匀了几粒,特意送给缪老师的。缪玉田给孩子们写了一封信,信中说"他从来没吃过这么甜的葡萄"。

有人说:小学教育是人生之初的教育,虽不高深却如江河之源,谁也讲不清它有多重要。学生会念念不忘一个严格而可亲的教师,因为他给他们的是一种最宝贵的东西。在王企贤、缪玉田的学生中,无论功成名就者,还是普通劳动者,他们之所以都念念不忘求学之初的恩师,除了获取知识的感谢外,他们还在老师身上学到了如何做人的道理,这是终生受益、难以忘怀的。也正因为如此,许许多多学生会记得他们、爱戴他们。对于一名教师来说,这才是最高的褒奖和终身的财富。

任教且末县中学的保定学院毕业生群体荣获
"巴州青年五四奖章集体"荣誉称号

25 西部支教毕业生优秀群体：在西部大地书写青春与梦想

当很多大学生把毕业求职的目光瞄准大城市时，自2000年以来，保定学院连续多届近百名毕业生选择了赴新疆、西藏、四川、贵州、重庆等地任教。他们是品学兼优的学子，他们是父母疼爱的孩子，听到国家西部大开发的召唤，他们毅然放弃了继续深造的机会，谢绝了多家用人单位的盛情邀请，坚定地选择了万里之遥的祖国边疆。他们像戈壁红柳、似沙漠胡杨、如高山雪莲，十多年来全部扎根西部大地，使青春焕发出别样的精彩。

人生的选择

即使在新疆，且末也是最遥远的地方。且末地处塔克拉玛干沙漠的最南端。十几年前的且末每年春夏秋三季频频遭遇"黄风啸啸石乱走"的恶劣天气,从乌鲁木齐到且末,坐汽车至少需要六天。一群保定学院的毕业生却把且末作为了安放自己青春和梦想的地方。

为什么要选择新疆?

"刚入学的时候,学校组织新生看了一部电视片《丹心》。电视片中,学校前身保定二师学生贾良图 1931 年冬为贫苦孩子上课的情节让我们记忆深刻,共产党员贾良图后来在'七六'护校斗争中牺牲。我是在'七六'烈士纪念碑前宣誓入党的,如果说'启钥民智'是当时先辈们的理想追求,那么服务西部岂不是现在我们这一代应有的担当!"保定学院 2000 届政教专业毕业生苏普在写给母校的信中,回顾了自己的心路历程。现在在且末县委党校任教的苏普坦言,当时家里并不支持自己去且末。他 4 月签约,临行前的十几天母亲突然去世,作为家里最小的儿子,看着心力交瘁的父亲,有一刻他也曾动摇,但最终还是踏上了西去的列车。"13 年来自己的工作和心态一直很稳定。如果说刚开始的选择有些单纯和激情,现在则是一份责任。今后的 23 年,33 年,我们会一直很踏实地做下去,请学校领导放心,我们会为母校争光,为且末的教育事业作贡献。"苏普在信中写道。

甄记兜是保定学院 2002 届毕业生,在毕业前的教学技能大赛上,当时多所学校的校长看中了他。甄记兜婉言谢绝了校长们的邀请:"两年前,师哥师姐们去了新疆,现在有机会,我要去西藏!"他义无反顾来到西藏,成为日喀则第三初级中学的物理教师。

保定学院2003届英语专业毕业生荀轶娜，在入学教育时看了反映师兄师姐到且末任教的专题片《到西部教书去》，她用"震撼"形容当时的感受。三年后，她也站到了且末县中学的讲台上。

岁月的坚守

西藏南木林县，藏语意为"胜利"，地处日喀则地区东北部，平均海拔4400米。2002年，保定学院10名毕业生来到西藏南木林县时，整个县城也就百十来户。没有宿舍，他们就住在学校河对岸一个废弃的车队院里。院子里的蒿草有齐腰高，屋子是木条编扎的，黄泥糊住，两个人挤在五六平方米的狭小空间内。

2002届毕业生、南木林县一中数学教师徐建旺很自豪自己参与见证了县一中和整个南木林县的发展。他回忆说，当时大家一起去河里打水做饭，一起过有五百年历史的铁索桥去学校上课，一起去藏族老师家做客；没有电视，每天晚上就聚在一起听收音机，交流新学会的藏语，买到一本好书大家轮流看一遍。他感叹："青春真好啊！再苦再累的日子也不觉得怎样。看着自己教过的一拨拨孩子，都懂事了，长大了，实实在在感到自己存在的意义。"

至今，在日喀则地区任教的保定学院毕业生达12人，他们在当地都组建了自己的家庭。"不是没有机会回到内地，但在这里工作越长，感情就越深，越觉得不舍。"强烈的日晒，使如今的他们风华不再，每个人脸上都带着明显的高原红。他们说当年的理想化作了平凡的生活,化作了对亲人、对学生的爱。正是这种爱温暖着他们坚守的岁月。

"在新疆且末,别说是工作,就是生活下去也是一种奉献!"这是自治区人民政府一位老领导对且末人民的评价,更是对且末生命的尊重与肯定。岁月的坚守中,来自保定学院的毕业生们,遥想着父母一天天变老,自己却在万里之外无法尽孝。每个人谈起心中的痛楚,都是对亲人的牵挂、亏欠和内疚。

2013年,侯朝茹(2000届毕业生,且末中学历史教师)的父亲被诊断为双侧缺血性股骨头坏死,坚持中医保守治疗。侯朝茹知道,父亲是不愿让20万元手术费用拖累子女。"父亲来电话总是对我说:朝茹,好好教书,不用惦记家里,别耽误了孩子们。拿着手机我就一个人默默流眼泪。多想每天帮父亲煎煎药,帮母亲做顿饭啊,这么一点孝心,却因不在老人身边无法尽到。"在给同学的通信中侯朝茹如此袒露心扉。

奉献和坚守中,他们也收获着自己的爱情。荀轶娜来到且末,不习惯吃米饭,作为学长的朱英豪非常照顾她。一次聚会,看着皱眉吃饭的荀轶娜,朱英豪跑了好几条街为她买来两个馒头。荀轶娜说,那两个馒头她是"含着泪吃的",离家万里的女孩,感到了亲情的温暖。"从那以后,我们成为彼此的支撑。昆仑山守候着我们的爱情,车尔臣河默默为我们祝福。"中文专业的朱英豪用诗一般的语言描绘着他们的幸福生活。

新疆巴州教育局前副局长克尤木·买买提曾这样表达对保

定学院的敬意:"从 2000 年到 2013 年,保定学院陆续为巴州输送了 65 名毕业生,他们不是普通的志愿者、援疆人员,而是全部在这里扎了根。这些老师不仅带来了先进的教育理念,更带来了一种精神,一种无私奉献的高尚境界。现在他们大都成为骨干教师,为巴州的教育事业作出了很大贡献。"

师者的力量

"人生面临很多选择,'选择所爱,爱所选择'。我很幸运,做了一名教师;我很幸福,做着一名教师。因为教师是在用生命影响生命,用人格塑造人格,所以我愿一生为此努力!"这是侯朝茹个人空间里的一段文字。侯朝茹是且末中学高中年级的金牌教师,从 2007 年开始,一直担任高中文科实验班的班主任,连续带了四届毕业班,把一百多名孩子送入大学深造。

同样在且末中学任教的李桂枝潜心教学研究,发表了数十篇论文,她的"自主、合作、探究语文教学"模式在全巴州推广。她多次荣获巴州"民族团结先进个人""优秀班主任"和"三八红旗手"称号。她认真负责的态度,优异的教学成绩,再加上一口流利的维语,更使她赢得维族学生家长的信赖。家长们说:"把孩子交到李老师手上,我们放心!"李桂枝带的班里两名维族学生努尔曼和艾尼江都是贫困生,一直交不上书费和学杂费(2006 年国家还没有免除学生的书费和学杂费)。这种情况,学生很敏感,面对学校的催款,李桂枝就用自己的钱悄悄给他们交上。古尔邦节快到时,她又跑到商店,为贫困学生买来新衣服、袜子和手套。艾尼江以优异成绩考上了内地高中班,因为舍不得离开李桂枝想留在且末上高中。看着比自己高出一头的学生,李桂枝笑着说:"你是男子汉了,应该去更广阔的天地,是雄鹰就要飞翔。"艾尼江在内地上高中的三年,每学期李桂枝都寄去生活费,并经常去看望他的父母。

保定学院毕业生们的爱心同样温暖着藏族学生。在西藏南木林县一中任教的岳刚老师对藏族学生格桑央吉格外关心,格桑央吉平时沉默寡言。初三那年刚开学,格桑央吉没有来上课。岳刚通过家访了解到,家长看到格桑的成绩一般,不想供她上高中了。看着孩子渴望求学的眼神,岳刚苦口婆心做通了家长的工作。接下来的大半年,岳刚在自己宿舍里设了一张课桌,每天晚自习后为格桑和另一名学生补课1小时。2005年7月,格桑以优异的成绩考取了日喀则第一高级中学。暑假里,格桑从几十里路外的家里给岳刚背了满满一书包土豆。岳刚说,"那是我吃到的最好吃的土豆!"

司会平2003年到日喀则第一高级中学教书,至今已带了三届毕业生。2010年、2013年高考升学率达到了98%、100%,获得了日喀则地区"教学能手""汉语教学带头人"、国家级骨干教师等荣誉。她把学校给的奖励设立成"格桑花助学金",资助班里家境困难、学习努力的孩子。她说:"希望自己种下的格桑花种子,在青藏高原开出更多娇艳的花朵,这就是我的中国梦。"

奉献的礼赞

2014年1月15日,《光明日报》在头版显要位置刊发了长篇通讯《安放西部的青春与梦想——保定学院近百名毕业生扎根边疆教书育人》，中央、省市各级新闻媒体、网站纷纷转载和跟进报道，引起强烈的社会反响。国务院副总理刘延东作出重要批示："《光明日报》对河北保定学院毕业生扎根边疆、坚守艰苦一线、倾心教书育人的报道，展现了当代大学生爱国奉献、勇担使命、自强不息的青春风采。"教育部部长袁贵仁，河北省省委书记周本顺，河北省省长张庆伟，河北省省委副书记赵勇，河北省委常委、宣传部部长艾文礼，保定市委书记聂瑞平，市长马誉峰相继作出肯定性批示，高度评价保定学院西部支教毕业生的优秀事迹和奉献精神。

  国家最高科技奖获得者、中科院院士、保定学院老校友师昌绪先生看了《光明日报》的报道后，写信给西部支教的同学们："看了你们扎根边疆教书育人的事迹，很感动。你们是有理想、有担当的一代，而且还用自己踏实的努力，教育影响着下一代。在艰苦的条件下能够不动摇，不退缩，坚守着理想，这点难能可贵。正因为如此，我们的国家才有希望和未来。作为你们的老校友，甚是欣慰。我今年95岁了，一生经历很多也很复杂，但是，在我心中始终有一个目标，这个目标就是中国的强大，这是每个中国人的梦。这个梦的实现，不是靠投机取巧，必须是实干，我想这个很关键。希望你们年轻一代继续努力，服务祖国，奉献人民，用实际行动为实现中国梦作出新的更大贡献。"

  中国著名数学家、中科院院士、保定学院签约院士王梓坤先生看到报道后，对学校领导表示："这些学生在西部边远地方扎下根来教书育人,看完他们的事迹很受鼓舞也很感动。他们放弃了内地优越的生活条件到艰苦的地方去,这种精神值得大家学习和赞赏,这是学校和老师培养教育的结果。西部地域广阔,需要人才,更需要这种精神。"

河北省民建主委、省政府副省长秦博勇在看过相关报道后写下读后感:"保定学院毕业生扎根西部支教边疆的事迹非常感人,他们用无悔的青春书写了人生壮丽乐章,是新时期的青春之歌。保定学院坚持教书育人并重,培养了学生的赤子情怀和奉献精神,形成了一届又一届支教队伍,薪火相传。感谢保定学院培养了这些优秀的学生!感谢莘莘学子为支教边疆作出的巨大贡献!"

保定学院西部支教优秀群体是当代青年的杰出代表,是新时期大学生践行社会主义核心价值观的楷模,"爱国为民,勇担使命,甘于奉献,自强不息",西部支教精神是保定学院百年优良传统的时代体现。中共河北省委教育工委、省教育厅、保定市委、保定学院党委分别发文,作出向保定学院西部支教优秀群体学习的决定。河北省文明委授予保定学院大学生支教边疆团体"学习雷锋善行河北先进集体"荣誉称号。2014年3月,保定学院西部支教优秀群体荣获中央文明办"中国好人群体·敬业奉献先进集体"荣誉称号。赵艳菊一家荣获全国妇联"最美家庭提名奖"。

塑造时代精神

2014年五四青年节前夕,中共中央总书记、国家主席、中央军委主席习近平给河北保定学院西部支教毕业生群体代表回信，勉励青年人到基层和人民中去建功立业。

习近平在信中表示："你们响应国家号召，怀着执着的理想，奔赴条件艰苦的西部和边疆地区，扎根基层教书育人，十几年如一日，写下了充满激情和奋斗的人生历程。你们的坚守、你们的事迹，令人感动。"

习近平强调："同人民一道拼搏、同祖国一道前进，服务人民、奉献祖国，是当代中国青年的正确方向。好儿女志在四方，有志者奋斗无悔。希望越来越多的青年人以你们为榜样，到基层和人民中去建功立业，让青春之花绽放在祖国最需要的地方，在实现中国梦的伟大实践中书写别样精彩的人生。"

习近平总书记给保定学院西部支教优秀毕业生群体代表的回信在社会各界特别是青年中引发强烈反响。团中央学校部部长杜汇良、青年志愿者工作部党组书记侯宝森代表广大青年表示，总书记的回信，充分体现了党和国家对有志于到西部、到基层、到祖国最需要的地方去锻炼成长的广大青年学生和西部支教志愿者的亲切关怀和殷切期望，也为当代青年的成长指明了正确方向。

"同人民一道拼搏、同祖国一道前进，服务人民、奉献祖国，是当代中国青年的正确方向。"许多青年表示这不仅是对保定学院优秀群体的鼓励和肯定，更是对弘扬时代精神，实现中华民族伟大复兴中国梦发出的号令。要把总书记的教诲作为自身成长的行动指南，坚持理想，牢记使命，发扬艰苦奋斗精神，以饱满的热情将工作做实、做细、做好，在服务他人、奉献社会中收获成长和进步，用实际行动为实现中国梦作出新的更大贡献。

保定学院党委书记王军表示，习总书记对保定学院西部支教毕业生群体的高度肯定，指明了当代青年特别是青年大学生的前进方向，也是对具有百年办学历史和光荣传统的保定学院多年来坚持用社会主义核心价值体系教书育人、重在培养中国特色社会主义事业接班人的办学方向的高度肯定。

保定学院崔勇院长说："我们要牢记总书记教诲，继续培养志在四方的大学生，教育、引导在校学生以这些学长为榜样，扎根边疆，扎根基层，扎根在祖国最需要的地方。"

在南木林县中学支教了12个年头的闫俊良激动地说："总书记的回信对我们支教扶贫实践给予了充分肯定，让我们更感到肩上的责任，我们一定要以总书记的回信为动力，进一步做好支教扶贫工作，努力用更好的成绩、更大的进步向总书记汇报。"在新疆且末县中学任教的李桂枝读了习总书记的回信非常激动，她说："这不仅是对我们这个群体的肯定，更是对时代精神的肯定，中国的发展不能没有西部，我想告诉习总书记和所有关心我们的人，奋斗在西部的青春无悔，请母校放心，请祖国放心，我们会继续坚守，扎根边疆，把最大的孝与爱献给西部父老，献给边疆的孩子，献给伟大的祖国，这就是我们的中国梦。"

四 承本开新 以文化人

1 人文荟萃 和谐校园

典雅雍容的园林景观

2003年8月8日,保定学院举行新校区建设奠基典礼。2004年11月18日学校整体搬迁至新校区。新校区位于保定市七一东路起点,每天迎接着城市第一缕阳光。

学校校园规划把弘扬保定学院百年文化精神、彰显现代校园的文化价值、体现人文关怀、提升校园建设人文品格等作为核心理念和理性追求。由清华大学城市规划设计院设计,运用中国古代园林的布局方式作为规划设计的切入点,整体设计取圆明园"九州清晏"之立意,采"游龙戏珠"之造型,以蜿蜒流长之水,塑升龙飞天之型,造发展壮大之势,充分表现出中国园林特色和保定学院浓厚的人文色彩。图书馆是校园标志性建筑,建筑面积2.4万平方米。以图书馆为中心,学校建筑分为9个学科群,即为学校资源利用达到最佳优化和最大共享,将相近学科的建筑如理科学科群建筑形成理科教育中心,音乐学、美术学科群建筑形成艺术教育中心;体育场、体育馆(在建)形成体育教育中心;学生宿舍、餐厅等建筑形成生活服务中心。在功能分区上,合理布局学校的教学区、运动区、行政区、生活区及预留发展区等。校园建筑典雅恢弘,布局雍容静和。以蓝瓦、灰墙为主色调,巧妙借用轴线、庭院、园林景观等中国传统园林建筑手法,为校园着力营造厚重和沉静的文化气质。校内道路以创始人严修"启钥民智,砥砺贤才"教育思想和办学理念命名;园林景观以学校著名校友及保定古今文化名人命名,如以创始人严修命名的严园,校友师昌绪、梁斌命名的师园、梁园等。

校园绿化错落有致、疏密有序。校园内种植各类乔木百余种,10万余株。高大的法桐、雪松、云杉、银杏随处可见,绿化覆盖率达到了57%,整体形成了"高中低层层绿,乔灌草三结合,四季常青,三季有花"的绿化格调,无论从哪个角度看,皆有绿树入眼、草色如帘。上有大树遮蔽,路旁花草相依,隔离了外界的喧嚣与浮躁,营造了清雅幽静的环境氛围。同时,充分利用校园的地形、道路、建筑配合环境,把握园林与建筑的空间,充分利用地形、植物的优势,园林中摆放形状各异的"读书石",营造出学生读书、锻炼、倾听、静思的场所。

校园的一草一木都凝聚着全校万名师生员工的汗水和心血。新校园落成后,全校师生义务参加植树、拔草、管护活动近5万人次。在校园里种植、养护花草树木已不单纯是绿化、美化校园的一种劳动,它已成为校园文化建设的生动课堂。校园景观的自然美、树木的参差美、建筑的错落美与师生的行为美和谐统一,构成了保定学院的一大特色,创造了良好的育人环境。

校园景观文化是物质和精神的展示,凝聚着独特的人文历史,凸显着学校的个性。它不仅是校园精神、校园文化的重要体现,最大限度地强化激励师生的内在精神特质,潜移默化感染人的情绪,保持学校蓬勃向上、清新静美的特质,也是人与自然和谐的体现。校园景观文化的设计不仅体现了学校行不止、思无穷的育人追求,而且实现了优先人文、张扬传统文脉的和谐。

丰富多彩的专题陈列馆

保定学院从实际出发,以育人为根本,以学科专业建设为手段,以保定地域文化为资源,建设了一批具备独有的教学功能、学科建设功能,以及为社会培养有用人才的综合功能的专题性陈列馆,馆舍面积2300多平方米,现有各类藏品5000余件。

——百年辉煌:校史陈列馆。校史馆面积1090平方米,展陈面积500平方米,内有藏品资料室、视听办公室、保定学院发展规划沙盘、"浩气长存"大型浮雕、杰出校友雕像、55寸高清液晶触摸屏一体机等主辅设施,具备校史研究、展览及校史文物收藏以及传统教育等多项功能。校史展览主线分为学堂初设、风雨历程、发展壮大和科学发展四部分,以史实和史料为依据,将图文与实物相结合,全面讲述学校百余年的发展历史和文脉传承,生动彰显学校立德树人、改革创新的不懈追求,展示学校在不同历史时期为革命和国家建设、为人才培养、为教育事业所作出的贡献和成果。校史馆收藏各类校史资料、图片及实物 2000 余件,其中还有一批反映学校悠久历史沿革与人文精神的珍贵图片、档案、题词赠言及史料。

——多彩陶韵:陶瓷陈列馆。陶瓷馆是在历史系文物陈列室的基础上建成的,面积 100 平方米,设有陶瓷制作与修复室,现有藏品百余组(件),主要包括自春秋战国至民国时期的陶制品、原始瓷、三彩、素色瓷和彩瓷,其中国家三级以上文物 20 余件。绝大部分藏品来自历史系师生自 20 世纪八九十年代以来的单位购买和个人捐赠。该馆清代青花瓷器藏品形成了比较完整的系列,而以收藏河北地方著名窑系邢窑、定窑和磁州窑为特色,使得河北地方著名窑系的陶瓷文化得到了更好的收藏、保护与传承。该馆的展陈特色在于以陶瓷发展的时代顺序为线索,通过文物实器和图文并茂的展览形式,介绍中国陶瓷产生、发展、兴盛、变迁的历史,系统展示了我国古代陶瓷艺术的辉煌历史和卓越成就,为师生提供实物研究资料,做到展览和教学的统一,同时为社会同行提供交流展示平台,初步具备了收藏、展示、研究、教学、对外交流等综合功能。馆内设置了观众参与性项目,有可供观众自己动手的陶器制作台,观众可以用校方提供的陶泥、釉水,坐在拉坯机上自己动手制作一个陶罐,亲身体验陶瓷工艺品的制作过程,深受参观者的喜爱。

——致尚臻品：古代书画珍品陈列馆。该馆由美术系筹建，陈列日本二玄社复制的台北故宫博物院珍藏作品，包括《富春山居图》在内的唐宋元明清书画作品近200幅，其中不乏传世臻品与佳作。虽说藏品是复制品，但却有非常高的艺术价值。这些精品馆藏，首先是服务于课堂教学，由指导教师和学生结组，结合美术史和艺术创作教学，在陈列馆近距离观摩研究，对传统经典画家、作品的画风、流派、技法等进行探讨性学习。其次是为学生实习实训提供平台，学生通过专业学习、研究，对学生及参观者进行传统文化、作品艺术价值及画派技巧等作专业讲解赏析，从而提高学生的艺术品鉴能力和表达能力。同时，陈列馆面向全校及社会开放，传播、弘扬中国文化艺术的优秀传统。

——文华天宝：文化遗存收藏馆。由美术系筹建，绝大部分藏品是美术系师生自20世纪七八十年代以来通过单位购买、个人捐赠等各种方式收藏的。收集了从新石器时代至20世纪初各历史时期的文化遗存，包括甲骨文、远古石器、青铜器、珍贵碑帖拓片、陶器、钱币等500多件（套）。其中，国家三级以上文物20余件。这个收藏馆从馆藏收集到知识梳理，从文物摄影到陈列设计，都由美术系教师依托研究课题带领学生共同完成。

——和谐自然：地理文化园。资源与环境系筹建，由地矿标本陈列馆、天文台、保定区域地理与旅游资源馆和土壤标本室四个专题构成。地理文化园的设计以人口、资源、环境为主线，采用专题研究的方式，从自然条件、历史文化、旅游资源等方面，在对多年来收集到的大量详实的数据资料分析的基础上，针对保定的区域优势、产业承接、旅游开发、环境保护等一系列地理学的前沿问题与当代经济社会发展过程所面临的突出问题，提炼保定乃至华北地区独特的地域优势，培养学生的科学思维与研究能力，成为学生了解保定、研究保定的学科指南。

地矿标本陈列馆是依托立项课题《保定西部山区岩石标本采集和岩石类型研究》，在学校20世纪80年代以来收藏和整合原地理系地矿教学科研标本的基础上建成的。经过各届学生利用野外实习在专业教师的指导之下不断采集各类地质标本，现已初具规模。现有面积约100平方米，11个标本展柜，收集各类地矿标本1000余块，包括了保定西部山区所有常见地矿标本类型。岩矿化石标本门类齐全、文物及矿石标本典藏丰富，有关的地学与考古学资料积累也相当雄厚。地矿标本陈列馆的功能集"科研、教学和科普"于一体。地矿标本陈列馆的标本采集从实际出发，突出地方特色，展示地方矿物资源，以便在教学过程中能让学生了解家乡、认识家乡、热爱家乡。陈列馆的地矿标本采集、鉴定、整理过程实现了理论和实践相结合、教学和科研相结合、社会效益和经济效益相结合。陈列馆的一项重要职能是与地方部门和企事业单位合作，服务地方经济建设，对保定西部山区各地岩石、矿产等资源进行数据分析、产业前景、经济价值开发等论证，为保定西部山区各县的矿产资源开发和经济建设提供理论依据和实践帮助。

天文台于2004年开始建设，2005年安装调试投入使用。

天文台外部是专门为保护天文望远镜而建造的直径为 8 米的防锈铝合金蒙皮圆顶，它可 360 度旋转，上有天窗可以上下开启，造型独特，是建筑、科技与艺术的完美结合，已成为保定学院标志性建筑之一。天文台内部主要设备为 310 毫米折射天文望远镜及其附属配件，同时还有 5 台用于室外观测的便携式小型天文望远镜。小型望远镜包括折射、反射和折反射各种类型，能满足各种天体的室外观测需要。天文台建成后为增强其科普性，在天文台楼梯两侧和天文台一层又精心设计了天文知识展板和星座模型，用于初学者了解天文知识。精美的图片、逼真的模型能够大大激发初学者对星空、天体知识的兴趣。天文台的设施与陈列具有满足教学需要、普及天文知识的双重功能。天文台面向驻保高校大学生及保定市中小学开放，对广大青少年进行辩证唯物主义教育，培养青少年的思维能力、创造能力和动手能力，及早让青少年接触光学、精密机械、电子、计算机应用及自动控制等现代技术，为促进青少年科学素质的提高发挥着重要的作用，现已成为保定市重要的天文科普基地，保定电视台、《保定日报》等媒体均做过相关报道。

保定区域地理与旅游资源馆利用保定地形地貌沙盘，凸显保定沃野东坦、襟抱白洋、翊卫京师的优越地理位置，以及地跨第二、第三阶梯兼有西部太行山区与东部华北平原两个地形区，典型的温带大陆性季风气候等地理特征。在对多年来收集到的大量详实的数据资料分析的基础上，用触摸屏、图片、图表、展板等方式，从自然条件、历史文化、旅游资源等方面，提炼保定乃至华北地区独特的地域优势,促进自然、人文等旅游景观的开发与综合利用。

土壤标本室分实物标本区和图片展示区。实物标本区集中了来自全省各地的土壤标本,位于陈列馆的中部展区,地面上镶嵌着一个长条形的玻璃仓,整个仓的长度约有20米,仓内玻璃板隔成的若干个方格内,依照由南向北的次序,陈列着河北陆地的各种土壤,可谓"一分钟内走遍全省"。图片展示区则具体分析保定土壤类型、有机质含量、土壤水分变化、酸碱度、土壤污染等,同时展示保定土壤的耕作历史、耕作方式、耕作制度、种植作物及相关的民俗。

博物馆教育是学科文化的重要呈现方式,是大学文化的升华。学校建设的一系列专题陈列馆成为教育教学"隐形课程"的重要组成部分,犹如展示给社会的一张"文化名片",使散发着浓郁书香的百年学府更增添了深厚的文化内涵。

2 文化引领 立德树人

育人是大学的根本任务。作为一所有着110年办学历史的学校,保定学院牢固树立"育人为本、德育为先"的理念,坚持立德树人,坚持以理想信念教育为核心,以爱国主义教育为重点,以思想道德建设为基础,以大学生全面发展为目标,从校史文化、环境文化、学科文化着手,构建"三位一体"育人文化体系,实施"成人、成长、成才"育人工程,丰富了大学育人内涵,形成了丰硕成果。

文化引领:构建"三位一体"文化育人体系

保定学院"三位一体"育人文化体系是在总结百年办学传统的基础上,适应国家和时代发展需要,结合青年学生立志成才的渴求,将学校历史文化、校园环境文化和大学学科文化有机整合、整体设计,逐步形成并发挥强大功能的育人系统。

校史文化育人,传承精神文脉,提高青年学生思想道德素质。爱国是培养人才的第一要义,保定学院建校伊始就把学校发展与民族的命运、国家的前途紧密联系在一起。秉承创始人严修先生"启钥民智,砥砺贤才,胸怀国是,献身真理"的办学思想,学校积淀了独有的校本传统和人文底蕴,铸就了"坚持理想、献身真理的爱国主义精神,体察民苦、服务民众的爱民情怀,无私奉献、勇于担当的爱校传统,刻苦学习、立志成才的爱学热情"的百年校魂,构成了保定学院宝贵的精神财富。首先,注重挖掘和整理,形成校史文化教材,相继编辑、出版了《保定二师"七六"护校革命斗争纪略》《保定学院志》等一批校史丛书;拍摄《丹心》《到西部教书去》《你在他乡还好吗》等电视专题片;创作《雷电颂》《丰碑》《蔡和森的布里梦》等文艺作品。《保定学院学报》《保定学院报》开设专栏,形成了一批校史文化研究成果,并使之转化为鲜活生动的育人资源。其次,充分发扬和传承,构建全方位育人长效机制。把校史文化作为校本教育纳入教学计划,列为大学生"思想品德修养课"的重要内容;修建"七六"烈士雕像和纪念园,作为校本德育基地,每逢重要节点学校都举行系列活动,如2002年、2012年隆重纪念保定二师"七六"护校斗争70周年、80周年,特别邀请在新疆且末工作的优秀学生代表回校为在校学生做报告;坚持开展入学教育"五个一"活动,即参观一次校史馆、观看一遍《丹心》和《到西部教书去》电视纪录片、聆听一次杰出校友的报告、瞻仰一次"七六"烈士纪念碑、通读一本校本教育读物(梁斌《红旗谱》、师昌绪《在人生道路上》等)。中华民族优秀的传统文化和独有的校本教育对青年学生产生了深刻影响,保定学院2000届政教专业毕业生,现在新疆且末县委党校工作的苏普在写给母校的信中谈道:"刚入学的时候,学校组织新生看了一部电视片《丹心》。电视片中,学校前身保定二师学生、革命烈士贾良图1931年冬为贫苦孩子上课的情节让我们记忆深刻。我是在'七六'烈士纪念碑前宣誓入党的,如果说'启钥民智'是当时先辈们的理想追求,那么服务西部岂不是现在我们这一代应有的担当!"

环境文化育人,陶冶志趣情操,提高青年学生人文科技素养。良好的校园环境有利于青年学生情感的熏陶和培养,有利于文化知识的渗透和传播,有利于青年学生道德价值观的形成和提升。学校在办学过程中,大力实施"校园文化环境育人工程",加大环境建设投入力度,努力提升校园文化品位。在做好学校硬件建设的同时,努力打造校园软环境。学校坚持举办"严修讲堂""名家论坛""综合素质大课堂"等人文讲座,邀请传统文化名家进校园;发挥校史馆、图书馆、学科陈列馆等独特的文化育人作用。一方面增强大学生对中国优秀传统文化精髓的理解，提升了学生的人文素养，另一方面提高了学生对校本传统的认同感和自豪感。"综合素质大课堂"自2005年创办伊始，从未间断，至今已举办240余期。它为学生提供多学科、多层面的专题讲座和文化艺术活动，现已成为学校校园文化活动的特色品牌之一，达到了开阔视野、拓展思维、培育人文精神、提升综合素质的目的，深受学生喜爱。

学科文化育人，培育学术精神，提高青年学生科学文化素质。大学学科文化育人是一种从大学生的学习生活情境出发的育人方式，既重视学科体系本身的知识传授与能力培养，又关注学科知识背后蕴含的文化背景和价值理性的揭示；既着眼于引导大学生学科思维和行为方式的养成，又以培养他们形成认识世界的科学态度与理性人格从而提高综合素质为目标。因此，学科文化育人的实质是"成长教育"，着力培养学生的专业精神、创新观念和实践能力。为服务地方经济发展，满足地方性、应用性人才培养要求和学生成长成才的迫切需要，学校修订了人才培养方案，为学生设计多样化的教学内容与方法，探索构建人才分类培养模式，实现了人才培养由合格到优秀的跨越。立足社会人才需求和学科特点，学校全面推进大学生科技创新教育，通过开展职业生涯大赛、网络设计大赛、电子设计大赛、社会实践调查等活动为学生提供参与科技创新的平台，广大学生也在活动的参与中得到了锻炼，增长了才干。学校积极探索产学研合作教育模式，建立了一批大学生校外实践教育基地，为实践教学搭建新平台。2010年学校结合中小学教师"国培计划"项目，探索顶岗实习新模式，不断探索教育实习新途径。

立德树人：实施"成长、成人、成才"育人工程

夯实理想信念的"筑基"工程。全面深化对青年学生的马克思主义理论教育，造就信念坚定的社会主义合格建设人才。一是充分发挥思想政治理论课主渠道、主阵地作用，将理想信念教育和社会主义核心价值观教育有机融入到课程教学之中，坚持不懈地用中国特色社会主义理论体系武装大学生头脑，教育和引导广大学生努力践行社会主义核心价值观，自觉投身于实现"中国梦"的实践中。二是坚持课内与课外相结合。思想政治理论课教师长期担任大学生"中国特色社会主义理论体系学习研究会"和"爱心社"指导教师，"学研会"重在理论学习，"爱心社"则落实于行动，从而达到"学、信、行"的有机统一。拥有1000多名成员的"爱心社"是驻保高校中最大的学生社团。"中国特色社会主义理论与实践研究会"则以其积极组织学习、研究和传播马克思主义中国化最新成果而被评为河北省百强大学生社团。三是深入学生实际，开辟网络教育空间。思想政治课教师坚持利用公休日，举行"与你同行——两课教师周日接待日"活动，开设了"智慧之光""热点聚焦""知心姐姐"和"周日说法"四个板块，围绕人生价值、社会聚焦以及升学就业等热点话题，教师学生面对面进行心灵沟通和思想交流。同时，在网上开通"心灵家园"信箱，利用微博、微信、QQ群，通过网络对学生进行理想信仰、人生困惑、感情纠葛的引导和教育。在保定学院，思想政治理论课教师成为学生"真心喜爱、终身受益、毕生难忘"的好老师。

加强师德建设的"春雨"工程。学校把师德建设贯穿于教学、服务、管理工作的各方面和全过程，以师德师风建设带动教书育人水平的提高。一是将师德教育纳入师资队伍建设规划，强化师德培养机制，使育人者先受教育。二是建立、健全师德考核制度，建立教师师德考评档案，把师德建设软任务变成了硬指标，实现了师德建设与管理工作良性互动。三是建立"学院、教师、学生"三级师德监督网络，完善师德监督机制。四是加强宣传教育，树立师德标兵。充分利用多种宣传媒体和渠道，如在校报开设了"师德师风大家谈""走近名师"等专栏，校园网开辟了"师德论坛"，宣传橱窗多次展示"名师风采"，组织开展"教书育人楷模"评比，形成了制度严密、执行有力、是非分明的良好师德建设环境。

提升实践能力的"知行"工程。道德修养，重在实行。学校强调践履笃实，坚持知行合一，逐渐探索出了一条实践育人新途径。一是以校园文化建设活动为依托，尽展青春活力。学校依托党团组织和学生社团开展丰富多彩的校园文化活动。如一年一度的文化艺术节，已经坚持了十几年，每一届都历时近一个月，大型活动几十项，参与的学生达数千人，促进了学生的健康成长和全面发展，成为校园文化的标志性品牌。2013年，学校师生创作、编排了话剧《蔡和森的布里梦》，该剧根据蔡和森、向警予等老一辈无产阶级革命家在高阳县布里村学习、生活的真实经历，将老一辈革命家为国、为民而学习、奋斗的崇高革命精神，搬上舞台呈现给观众，使大学生真切而深刻地领悟和体会了老一辈无产阶级革命家的博大胸怀和高洁坚毅的精神风貌。该剧公演后,在优酷网等网站上展映,获得广泛好评。二是以社会实践活动为依托,了解社会,服务人民。如保定学院青年学生组成的"麦浪飞翔团队"连续三年到唐县白合镇小学开展为期10天的小学支教活动,给当地孩子送去知识和关爱,荣获全国"王老吉·学子情"爱心助学"精彩一课"。三是以志愿服务为依托,凝聚爱心,锻造能力。学院现有青年志愿者14000余名,建立了70多家青年志愿者服务基地,人均志愿服务每年20小时。

服务就业创业的"助航"工程。立足学生发展需要,提供系统化的就业指导,帮助大学生树立正确的就业观、择业观和从业观,努力为学生拓展就业渠道,增强他们的职业可持续发展能力。根据学院实际和国家发展需要,特别鼓励学生到西部、农村和基层就业。一是设立"创业基金",支持、引导学生自主创业。二是大力宣传,对奔赴新疆、西藏等西部地区任教的毕业生,对参加"大学生志愿服务西部计划"的同学们,对参加全省"三支一扶""特岗计划"的大学生,每年学校都举行隆重的欢送仪式,营造到基层建功立业的思想导向。三是提供实际帮助。学校设立了"西部支教爱心救助金",对在西部基层任教学生的生活给予支持和帮助,为他们进修提高创造条件。

助力文明养成的"修身"工程。为提高大学生基础文明素养,引导大学生自觉投身高格调、高水平、高质量的校园文化建设,深入开展了"讲传统、讲感恩、讲文明、讲法制、讲修身"的"五讲"教育活动。活动紧紧围绕育人这一中心，以中国特色社会主义理论体系为指导，以先进的大学文化为引领，以提高大学生文明素养和创建和谐校园为重点，以促进大学生全面发展为目标，引导学生把文化知识学习和思想品德修养紧密结合起来，把创新思维和社会实践紧密结合起来，把全面发展和个性发展紧密结合起来，全面提高了思想政治教育的针对性、实效性和吸引力、感染力，提升了大学生思想道德素养，逐步形成了大学生文明修身的长效机制。

注重典型引导的"培树"工程。保定学院开展的"榜样——年度校园人物"评选活动是学校校园文化建设的特色品牌。年度校园人物评选活动旨在挖掘校园内的感人事迹和先进典型，充分发挥榜样的示范和激励作用，营造浓厚的校园文化氛围，让身边人说身边事，让身边人教育身边人，使学生学有方向赶有目标。每年一度的保定学院校园人物评选与表彰，是一次总结、一次展示、一次交流，更是一种激励、一种引领。评选活动让学生们重新认识了自己的力量和价值，荣誉的获得让获奖人物更加注重修养的提高，更加刻苦学习，朝着全面发展的目标努力。大学生们在评选过程中，从"校园人物"的身上看到了真善美，懂得了诚信与感恩，明确了自身人生追求进取的方向。

务求实效：让青春插上理想的翅膀

保定学院通过"三位一体"育人文化体系的构建和"成长、成人、成才"育人工程的实施，实现了育人工作的人文化、系列化和品牌化，育人环境显著优化。积极健康、和谐向上的校园文化氛围日益醇厚，勤奋、严谨、求实、创新的优良学风进一步发扬，刻苦学习、立志成才、报效祖国、无私奉献的优秀人才不断涌现。

自 2000 年开始，保定学院连续多届近百名毕业生响应国家西部大开发的号召，凭着对教育事业深深的爱，十几年星火相继，在新疆、西藏、重庆、贵州、四川等西部地区教书育人。他们的事迹在《光明日报》报道后，引起强烈的社会反响。此外，还有 400 余人走向了农村特岗教师工作岗位。他们在平凡的三尺讲台上践行着社会主义核心价值观，用智慧和青春描绘着、实现着自己的中国梦。在近年应征入伍的 276 名毕业生中，有 15 人在部队立功受奖，他们在祖国边疆用热血和汗水守护梦的家园。几年来，学校还涌现出不顾个人安危，勇救车祸险情的"河北省见义勇为英雄"张腾；河北省唯一入选中央电视台纪录片《田野青春梦》的特岗教师霍文鹏；面对 20 万元、5 万元巨款不动心，用最快速度交还失主的"拾金不昧优秀大学生"牛紫蒙、范亚静；关爱农民工子弟和留守儿童的"最美大学生姐姐"李苏；自主创业大学生周维涛；获得北京市"三八"红旗手称号的师合军等一大批优秀学子。而更多保定学院毕业生成长为保定基础教育战线上的中坚力量，撑起了地方基础教育的半壁江山，为地方教育和社会经济发展作出了重要贡献。

赋曰：

太行西峙，易水北环。九省通衢，畿辅屏翰。百年学府，严修始建。"启钥民智，砥砺贤才，胸怀国是，献身真理"，理念全新，使命承担。尝为革命中心，誉称"北方小苏区"。抗日爱国护校，"七六"烈士英名传。大道中央宽展，馆舍错落瓦蓝。回廊环秀水，碧荷映穹天。南若桃李棠棣之圃，典化《诗经》华章，喻学子莘莘，师友情长；北则关严梁师之园，名聚史上俊彦，数人物风流，后生可参。松苍柏翠，红歌唱响；李艳桃红，书声琅琅。三季花开，四季常青，人文自然，和谐校园。十年树木，百年树人，培英育才，责不息肩。喜看西部支教毕业生群体，若沙漠胡杨，似高原格桑，青春无悔献边疆。更盼东方风来花满，犹老树新枝，如陈醪再酿，筑梦图强续辉煌！

后 记

呈现在读者面前的这册篇幅不长的小书,在编者的心中却是沉甸甸的。在成书过程中,每一个参与编写的人都受到了一次深刻的校本教育,经历了一次崇高的精神洗礼。中国近代教育先驱、学校创办人严修先生的仁心硕德,黎锦熙、潘梓年、李苦禅等大师的文心睿思,"七六"英烈为国为民的忠心赤胆,新时代西部支教毕业生优秀群体的倾心奉献,还有众多杰出校友为革命和科学教育文化事业倾注血汗乃至生命的雄心壮举,都历历在目,给我们以强烈的震撼、深刻的启迪,并激励我们承本继志,担负新使命,创造新辉煌。

本书编写分工如下:崔勇:序、后记;齐卫东:第一章,第三章"刘续曾";马丽娟、王全乐:第二章"百年开篇　基业始肇";马丽娟:第二章"规训既严　学风即正""师范之范　又红又专",第三章"严修""西部支教毕业生优秀群体",第四章;杨彦博:第二章"保定'红二师'　北方'小苏区'""'七六'爱国护校斗争",第三章"'七六'烈士""王企贤、缪玉田";魏隽如:第三章"李英儒""臧伯平""梁斌";米建军:第三章"侯薪""王禹夫""丁浩川""刘泽如";崔福林:第三章"黎锦熙""李苦禅""潘梓年""唐澍""铁瑛""杨琪良""师昌绪""郭晓岚";吴倩楠:第三章"王鹤寿""杨士杰""杨泽江";李冠楠:第三章"张敬虞";赵振江:第三章"王之平";齐卫东、李冠楠:第二章"知行并重 '三杆教育'"。全书由崔勇、胡连利策划,崔福林统稿,崔勇审定。

感谢《中国史话》丛书编委会将《保定学院史话》列入选题计划。我们为自己的学校骄傲,更为我们能够有机会参与这项存史励志的宏大工程感到荣幸和自豪。

感谢社会科学文献出版社,感谢编辑王建军、李旭龙先生为本书出版所付出的辛勤劳动。

老校友师昌绪先生非常关心本书的编写工作并提出了中肯的指导意见。我们对师先生在耄耋之年仍时刻关注母校的发展、时刻给我们以启迪和激励表示由衷的敬意。

在本书编写过程中,曾得到多方面的支持与帮助,特别是参考、借鉴了学校老领导、老校友的回忆录、个人传记资料以及相关学术成果,在此一并致谢。

编　者
2014 年 5 月

史话编辑部

主　　任　宋月华

副主任　黄　丹　杨春花　于占杰

成　　员（以姓氏笔画为序）
　　　　　　王　和　王玉霞　刘　丹　孙以年
　　　　　　连凌云　范明礼　周志宽　高世瑜

行政助理　苏运才

图书在版编目（CIP）数据

保定学院史话/崔勇主编. —北京：社会科学文献出版社，2014.8
（中国史话）
ISBN 978-7-5097-6210-3

Ⅰ.①保… Ⅱ.①崔… Ⅲ.①保定学院－校史 Ⅳ.①G649.282.23

中国版本图书馆CIP数据核字（2014）第142869号

"十二五"国家重点图书出版规划项目

中国史话·文化系列

保定学院史话

主　编/崔　勇

出 版 人/谢寿光
出 版 者/社会科学文献出版社
地　　址/北京市西城区北三环中路甲29号院3号楼华龙大厦
邮政编码/100029

责任部门/人文分社 （010）59367215　　责任编辑/黄　丹
电子信箱/shihua@ssap.cn　　　　　　　责任校对/岳书云
项目统筹/宋月华　谢　安　　　　　　　责任印制/岳　阳
经　　销/社会科学文献出版社定制出版中心 （010）59366509
　　　　　59366498
　　　　　社会科学文献出版社市场营销中心 （010）59367081
　　　　　59367089
读者服务/读者服务中心 （010）59367028

印　　装/北京鹏润伟业印刷有限公司
开　　本/889mm×1194mm　1/32　　　印　张/6.5
版　　次/2014年8月第1版　　　　　　彩插印张/0.125
印　　次/2014年8月第1次印刷　　　　字　数/138千字
书　　号/ISBN 978-7-5097-6210-3
定　　价/25.00元

本书如有破损、缺页、装订错误，请与本社读者服务中心联系更换
▲ 版权所有　翻印必究